Arquitetura rural na Serra da Mantiqueira

Para Isa, João e Marcos

Arquitetura rural na Serra da Mantiqueira

Marcelo Carvalho Ferraz

apresentação

Lina Bo Bardi
Antonio Cândido
Agostinho da Silva

São Paulo, 2020
3ª edição

Romano Guerra Editora

Nota à terceira edição

Esta terceira edição é dedicada a minha mãe, Dona Aparecida, e à memória de meu pai, Dr. Pedro. Hoje me dou conta de que por meio deles fui introduzido nessa fascinante *viagem* de leitura da paisagem física e humana dos lugares por onde passamos. O que, certamente, ajudou-me a escolher a profissão de arquiteto e urbanista.

Com minha mãe, inspetora de ensino, visitei como acompanhante mascote, por muitos anos de minha infância, as escolas rurais do município de Cambuí, quando me juntava à molecada para brincar livremente.

De meu pai, apaixonado professor de geografia, a cada viagem ouvi aulas sobre a paisagem – a formação do relevo, a geologia, o tipo de solo, a insolação, as águas e bacias, a agricultura e, sobretudo, sobre a gente do lugar. Enfim, sempre geografia em suas incansáveis e repetidas lições.

Hoje, olhando em retrospectiva, vejo este livro como uma espécie de acerto de contas com essas duas figuras tão amadas.

Note to the Third Edition

This third edition is dedicated to my mother, Dona Aparecida, and to the memory of my father, Dr. Pedro. Today, I realized it was through them that I was initiated in this fascinating *journey* of reading the physical and human landscape of the places we go. Which, certainly, helped me choose to be an architect and city planner.

With my mother, teaching instructor, I visited as mascot companion, for several of my childhood years, the rural schools of Cambuí County, and joined the kids there to play freely.

From my father, a passionate geography teacher, at each and every trip I had lessons on the landscape – the formation of the areas physical features, geology, type of soil, insolation, veils and watersheds, agriculture and, above all, about the local people. There was always geography in his unflagging and repeated lessons.

Today, in retrospect, I see this book as a sort of reckoning with those two beloved characters.

Marcelo Carvalho Ferraz

O homem do povo sabe construir, é arquiteto por intuição, não erra; quando constrói uma casa a constrói para suprir as exigências de sua vida; a harmonia de suas construções é a harmonia natural das coisas não contaminadas pela cultura falsa, pela soberba e pelo dinheiro.

Os homens médios não sabem construir. A pseudocultura, o desejo de sobrepujar, e o dinheiro desfiguram o intento da arquitetura. A casa não reflete mais a vida, mas sim um conjunto de preconceitos, de aparências e convenções; a arquitetura burguesa torna-se assim a direta responsável pela insuficiência do homem contemporâneo.

Ali está a nossa casa. Simples, sem voltas, sem retórica. Uma casa em que os espaços foram cuidadosamente examinados, calibrados, pensados, não sobre a base da especulação da construção, mas sobre a base da solidariedade humana; uma casa onde é possível viver, e principalmente pensar, onde há espaço para tudo, um espaço cuidadosamente dosado, que vai da cozinha dada como um laboratório químico, ao esconderijo para os barbantes e as rolhas usadas.

Senhores construtores, quando entendereis que experimentamos uma necessidade intensa de poesia, quando acabareis de nos dar a pílula dos frontõezinhos e das balaustradas para fazermos engolir a insuficiência moral das construções baseadas sobre a renda e o emprego?

No fundo, aquilo que o homem do povo faz é malcriação. É malcriação com aquilo que os arquitetos de hoje fazem.

Esta é uma anotação sobre a aristocracia rural-popular brasileira enxotada pelas monoculturas. Não é saudade, a história não volta e não é mestra. É um adeus e, a um tempo, o convite à documentação da história do Brasil. Um convite para os jovens considerarem o problema da simplificação (não da indigência) no mundo de hoje; caminho necessário para encontrar dentro do humanismo técnico, uma poética.

The common man knows how to build. He is an architect by intuition, and he makes no mistakes; when he builds a house he builds it to fulfil the requirements of his life; the harmony of his buildings is the natural harmony of things uninfluenced by false culture, by pride and by money.

The middle-class man does not know how to build. Pseudo-culture, the desire to be ostentatious and money disfigure the architectural intent. The house no longer reflects life, but rather a set of biases, appearances and conventions; bourgeois architecture thus becomes directly responsible for the insufficiency of contemporary man.

Here is our house. Simple, with no frills and fancies, no rhetoric. A house in which the spaces were carefully examined, measured, thought out, not based on the cost of construction, but based on human solidarity; a house in which it is possible to live, and above all to think, where there is space for everything, space carefully portioned out, from the kitchen looking like a chemical laboratory to the hiding place for bits of string and used corks.

Builders, when will you understand that we have an intense need for poetry, when will you stop feeding us the placebo of cute little facades and balustrades to make us swallow the moral insufficiency of constructions based on income and employment?

In the long run, what the common man does is a disparagement. It is an affront such as that which today's architects make.

This is a commentary about the Brazilian popular rural aristocracy, who have been chased away by monocultures. It is not nostalgia; history does not return and no one seems to learn by it. This is a farewell and at the same time an invitation to document Brazilian history. An invitation for the young to consider the problem of simplification (not of indigence) in the world of today; a necessary path toward encountering a poetic simplification within technical humanism.

Lina Bo Bardi

Não sei bem o porquê desta nota, pois a "Introdução" do autor diz sobre o seu livro tudo o que é preciso, de maneira justa e bonita. Tão bonita quanto o próprio livro, que é de fato uma beleza. Não apenas sob o aspecto plástico, notável graças à excelência e à felicidade das fotografias, mas pelo espírito que presidiu a composição. Em nosso mundo de "retinas tão fatigadas" (diria o poeta), ele é o choque saudável e necessário, puxando a sensibilidade para um outro mundo, que por ser também nosso de certo modo, poderia servir de retificação para muitos aspectos da nossa vida.

A moderna cultura urbana está impondo depressa demais um novo meio e uma realidade nova, de tendência incrivelmente homogeneizadora, dominada pelo artefato em série fria, onde quase não há mais a água solta, o verde, a ladeira e sua lama, o vento no arvoredo, o irmão boi pastando com sossego, nem a marcha picada dos bons cavalos. Mas o pior é que também já vão ficando vasqueiras tanto a solidariedade dos vizinhos, quanto as visitas entre amigos e as festas periódicas que reforçam os laços. É possível imaginar que dentro de algum tempo não haverá mais leite, verdura ou ovo, substituídos por sintéticos equivalentes; e que desgraçadamente não haverá também paciência com o semelhante, ânimo de socorro e alegria com as coisas simples.

Mas, haja o que houver, para nós de agora a natureza e a sociedade que se formou no seu colo ainda são realidades vivas, e o seu desaparecimento eventual dá nostalgia. Para muita gente a natureza e a sociedade rural são apenas estímulo pitoresco. Para outros são formas do mundo, que despertam a adesão verdadeira do afeto, o encantamento dos olhos e o interesse da mente. É o que sentimos percorrendo as belas imagens de Marcelo Carvalho Ferraz.

Elas impressionam pelo entrosamento dos diversos aspectos fixados, de maneira a estabelecer uma visão bastante completa, segundo a qual se articulam a paisagem, a habitação, a faina de todo-o-dia, os costumes, os folguedos – resultando algo muito humano além de belo. Algo que promove o contato direto do leitor com a sociedade plantada nos altos e baixos da Serra da Mantiqueira. Por isso este livro é um exemplo do poder ordenador que a inteligência pode ter, quando sabe entender o mundo e escolher nele o pedaço significativo. De fato, ele registra o que é revelador e parece dar vida ao aparelho fotográfico, conferindo-lhe alma sensível e uma sabedoria penetrante. Graças a isso, Marcelo Carvalho Ferraz não produziu apenas documento: elaborou a verdade de um

I am not quite sure of the reason for this preface, as the author's "Introduction" says all there is to say about his book, in a fair and honest manner. As fair as the book itself, which is indeed a work of beauty, not just from a plastic arts aspect, in itself notable for the excellence of the photography, as for the spirit that presides over his creation. In our world of "fatigued retinas" as the poet might say, it comes as a healthy and necessary surprise, transporting one's senses to another world which, as it is to a certain degree also our own, may serve as a rectifier for many aspects of our lives.

Modern urban culture is imposing at too fast a rate a new way of life and a new reality, with an incredibly homogenized tendency, dominated by mass-produced articles, where there is little left of free running water, greenery, the hill with its mud, the sound of wind in the trees, cattle grazing peacefully, and the smart trotting of fine horses. What is even worse is that fellowship with one's neighbors is becoming increasingly scarce, including visits between friends and the periodical parties that strengthen these ties. It is possible to imagine that some day there will be no more milk, green vegetables or eggs, but rather synthetic substitutes; and that unfortunately, people will also have no time for their fellows, and no sense of assistance and delight in the simple things of life.

But no matter what happens, for us today nature and the society that has formed around it are still live realities, and their possible disappearance invokes nostalgia. For many people nature and the rural society are merely a picturesque stimulus. For others, they are forms of the world that awaken a true sense of affection, a delight to the eyes and the interest of the mind. That is what we feel looking at Marcelo Carvalho Ferraz's beautiful pictures.

They are remarkable in the way they combine the various aspects depicted, so as to establish a comprehensive picture of the scenery, habitation, day-to-day activities, customs and pastimes – resulting in something that is very human as well as beautiful. Something that promotes the reader's direct contact with the society living on the heights and in the valleys of the Serra da Mantiqueira mountain range. That is why this book is an example of the ordering power that intelligence can have when it knows how to understand the world and select from it those portions that are significant. Indeed, the author records that which is meaningful and seems to give life to his camera, as if endowing it with a sensitive soul and deep wisdom. In so doing, Marcelo Carvalho Ferraz has not simply produced a document: He has

mundo frágil e escondido, que talvez esteja vivendo a sua etapa final bem ao nosso lado e, apesar de tudo, conserva uma harmonia que leva o homem da cidade grande a pensar no quanto seria bom ter mais verde e mais cor – não apenas verde e cor da paisagem, mas verde e cor das emoções, da solidariedade, da fantasia e do trabalho criador.

revealed a fragile, hidden world which may be living out its final days beside us and which in spite of everything preserves a harmony that brings man from the great cities to contemplate on how good it would be to have more greenery and colour, – not just the greenery and colour of the landscape, but the greenery and colour of the emotions, of fellowship, of fantasy and the work of the creator.

Antonio Cândido

Pode ser que exagere, mas ainda continuo a pensar que a Costa da Guiné e o Brasil apareceram na cena mundial, e com que importância, em virtude de tanto português, a partir dos séculos 15 e 16, ter emigrado por já se sentir pouco à vontade num País que trocava a economia comunitária, a economia da convivência, pela estrangeira economia da concorrência, o capitalismo, tão indispensável, de resto, para que o mundo se desenvolvesse. País que ia trocar também, pela escola que de fora viria, a sua educação de crianças pela vida, a que tanto contribuiu para que houvesse imperadores do Espírito Santo e para que um dia fosse derrubado da física nosso amigo Aristóteles. Nação que iria substituir o coordenador e eleito rei de itinerantes realezas, pelo rei à europeia, dinasticamente imposto, acastelado em sua capital, aquela realeza que vai de Carlos Magno a Carlos Quinto e a muito ditador de nossos tempos; finalmente, o país do Espírito Santo que já se ia pensando, aquele em que a vida seria gratuita e não existiriam cadeias. Utópico? Claro que sim, porque nenhum havia ainda no mundo. Como eram utópicos os aviões. Mas um dia de tudo isso haveria para a humanidade.

Diria eu que a região de Portugal que maior número de habitantes lançou na emigração foi exatamente o Minho, o que tão bem marcou Marcelo Ferraz em seu trabalho e tanto sentiu como artista – neste livro se revela que Marcelo é não só arquiteto como excelente escritor. Para diferente, mas ligada faceta de Portugal, a do universalismo ou da expansão, outra região colaborou, a que vai para Sul do Tejo e que se afirmou por todo o resto da ecúmena, por vários meios, às vezes não muito de admirar, como o arauto de um mundo a haver e que ainda não há, aquele que, enquanto for preciso, seja de comunitarismo e de capitalismo – e é bem possível juntar os dois, pena tendo sido que até agora não o tenham podido realizar os países que foram comunistas e que julgavam que se libertavam de tudo da ditadura se libertando. Ganharam decerto a liberdade de pensar e de falar e de proceder. A de comer, ter saúde e saber ficou em bastante dúvida.

De qualquer modo teve Brasil as duas heranças ou transbordos de Portugal e é sua missão para o futuro realizar o fantasiado pelos avós, realiza-lo para si próprio e mais ainda para os outros – e logo veremos como, pelo que diz Marcelo de sua Mantiqueira, muitos outros tem, a principiar pelas terras de línguas espanhola e portuguesa, além daquelas em que alguma vez desembarcou a península.

I may be exaggerating, but I still think that the Guinea Coast and Brazil appeared on the world scenario with so much impact during the 15th and 16th centuries as a result of so many Portuguese having emigrated, having felt uncomfortable in a country that exchanged its community economy, that of a convivial economy, for the outlandish economy of competition and capitalism, so indispensable elsewhere for worldwide development. A country that was also to exchange the ideas coming from abroad for their childhood education on life, which contributed so much toward there being emperors of Espírito Santo and so that one day the physics of our friend Aristotle should be overthrown. A nation that was to replace the coordinator and elected king of itinerant royalties, for the dynastically imposed king of Europe, castled in his capital city, that royalty that goes from Carlos Magno to Carlos V a long-time dictator of our times; finally, the country of Espírito Santo where it was once expected that life would be free and there would be no jails. Utopia? Of course, as no such thing existed yet in the world. Just as airplanes were utopian. But one day humanity would have all this.

I would say that the region in Portugal from which the largest number of emigrants originated was the Minho, which Marcelo Ferraz so aptly mentioned in his work and which he felt as an artist – this book shows that Marcelo is not-only an architect but also an excellent writer. Another region, that to the South of the Tejo, contributed with a different but related facet of Portugal, that of universalism or expansion, which affirmed itself throughout the rest of the civilized world by many means, some not very admirable, as the herald of a world to have, and that still has not, that which belongs as long as necessary to communism and capitalism – and it is quite possible to join the two, it being a shame that the countries that had been communistic did not manage to do this, judging that by completely freeing themselves of dictatorship they would be free. They certainly gained their freedom of thought and speech and actions. Whether they will be free to eat, be healthy and gain knowledge is somewhat doubtful.

At any rate Brazil received the two heritages or overflows from Portugal and it is her mission for the future to fulfil the dreams of our grandparents, to implement them both for herself and even more so for others – and soon we shall see how, as Marcelo says of his Mantiqueira and as many others have done, starting with the lands of Spanish and Portuguese tongues, beside those who at one time or another left the peninsula.

Oxalá esse amoroso interesse se desperte. Quem sabe até se, pelo que respeita à organização política de sua federação, também não vai o Brasil adotar um regime de Estados bem republicanos e bem autônomos com monarca central e coordenador – e monarca não é o mesmo que rei como o foi Portugal quando era um conjunto de Repúblicas Municipais, com a tal coordenação do soberano eleito e bem vigiado pelas cortes, enquanto elas funcionaram como deviam. E talvez seja no Brasil que haverá sinais de se ultrapassar a crise, que vai espalhar-se por toda a parte, de falência da banca internacional e de desassossego dos Povos, pela falta de dignas condições de vida. E, já que vem a propósito, se me permita estranhar que tanto se fale das dívidas do Brasil ao mundo e tão pouco do que o mundo deve ao Brasil pela economia do açúcar e pela do ouro que tanto ajudaram a desenvolver o que já era afinal a CEE e, sobretudo, por ter mostrado, na sua prática de povo de três continentes, como o há-de ser o mundo no futuro, quando aos tais três continentes se juntarem mais dois ou três. Como história da arquitetura, por ser o tal *saber de experiência feito* com que as navegações fundaram a ciência moderna, teremos que pôr o livro de Marcelo Ferraz como do melhor que existe. Como prosa, o que já disse: do mais que excelente. Como incitamento a construir mundo novo, não se afasta um momento das suas linhas necessárias: a do sonho, para não enjoarmos a bordo nesta grande travessia que aí vem, coisa que se faz no mar não desfitando o horizonte, e a da realidade científica, quanto possível matematizada, sem cujo conhecimento tudo é loucura. Digamos então o que é meio dissonante para obra tão humilde e humana: livro do tempo e livro da eternidade.

I hope that this amourous interest awakens. Who knows if, as concerns the political organization of its federation, even Brazil does not also adopt a regime of strongly republican and autonomous States with a central monarch and coordinator – and a monarch is not the same as a king was when Portugal was a group of Municipal Republics, with the sovereign's coordinators elected and closely watched by the courts, to see that they functioned as they ought to. And maybe it will be in Brazil that there will be signs of our having passed the crisis, which will spread everywhere, with bankruptcy of the international banks and unrest among the population, for lack of dignified living conditions. And while we are on the subject, may I be permitted to question why so much is said about Brazil's debts to the world and so little about what the world owes to Brazil due to the sugar economy and the gold economy that so helped to develop what was eventually the EEC and, above all, for having shown in their role of people of three continents what the world of the future will be like when these three continents are joined by two or three more. As a history of architecture, as the so-called *practical experience* with which the navigations founded modern science, we have to classify Marcelo Ferraz's book as the best in its class. The prose, as I have said is above excellence. As an inspiration to build a new world it does not for a moment stray from its required lines: That of a dream, so that we shall not sicken during this great passage that faces us as happens at sea beyond the horizon, and that of scientific reality, as mathematically supported as possible, without which knowledge all is madness. We say, then, in terms somewhat inadequate for such a humble and human work: Book of time and book of eternity.

Agostinho da Silva

Esse livro foi originalmente escrito em homenagem a Lina Bo Bardi

This book was originally written in honor of Lina Bo Bardi

"O povo é sempre essencialmente livre e rico [...] Por quê? Porque quem possui uma cultura própria e se exprime através dela é livre e rico".[1]

Este não é um livro de fotografias ou um ensaio fotográfico sobre um certo tema. É um trabalho onde, como arquiteto, me utilizei da fotografia para captar e revelar um mundo em que as relações do homem com a natureza que o circunda se dão num estágio genuíno de interação; um mundo construído sobre as necessidades essenciais do dia-a-dia; onde cada casa, cada pequena construção espelha, através dos materiais e das cores, esta natureza; um mundo em que cada detalhe, cada solução criada pelo homem revela a presença constante da poesia.

Este não é também um trabalho com uma abordagem erudita, nem tem a pretensão de esgotar assunto tão rico. É um passeio de olhos que procuram descobrir e mostrar, mesmo aos menos iniciados, o que pode significar a arquitetura.

Chamo, neste passeio impressionista, a tudo que encontrei edificado pelo homem, arquitetura. Desde o circo-rodeio que perambula pela região, a casa no vilarejo ou isolada no grotão, passando pelo paiol, a pinguela, o galinheiro, o quarador, o forno de barro, até a decoração de papel no interior da pequena capela de beira de estrada. Arquitetura no sentido lato, ou seja, a arte de criar espaços organizados e animados, a arte de edificar.

O tema deste trabalho não é uma novidade, pois que em qualquer canto do planeta encontramos as arquiteturas anônimas, espontâneas ou vernaculares, como quer que a chamem os estudiosos. Mas, nos dias de hoje, isto está fora de moda: vivemos em um tempo de consumo rápido e de shopping centers. A riqueza que encontramos na especificidade dessa arquitetura, porém, é imensa e deve ser conhecida, esteja ela onde estiver. Neste caso, num pequeno canto do planeta: nos braços de serra, na Mantiqueira (que, em língua da família tupi-guarani, quer dizer serra que chora).

Esta documentação fotográfica faz parte de uma pesquisa realizada em maio de 1984 para a montagem da exposição Caipiras, Capiaus: Pau-a-pique, dirigida por Lina Bo Bardi e apresentada no Centro de Lazer Sesc Fábrica da Pompeia no mesmo ano.

"The people are always essentially free and rich [...] Why? Because he who possesses his own culture and expresses himself through it is free and rich."[1]

This is not a book of photographs or a photographic study upon a certain theme. It is a work where, as an architect, I have used photography to capture and reveal a world in which the relationship between man and his surrounding nature takes place in an authentic state of interaction; a world built around the essential necessities of everyday living, where every house and every small construction reflects this nature through the materials and colours employed; a world in which each detail, every solution created by man reveals the constant presence of poetry.

This also is not a work with a scholarly approach, and it has no intention of drawing upon such a rich subject. It is a visual excursion seeking to discover and show, even to those less knowledgeable, what architecture can signify.

During this impressionist excursion, I call everything encountered that has been built by man, architecture, from the rodeo circus that roams through the region, the house in the hamlet or isolated in a hollow, not to mention the corn crib, the footbridge, the chicken run, the clothes bleacher, the mud oven, to the paper decorations inside the small chapel on the roadside. Architecture in a broad sense, or the art of creating organized and living spaces, the art of building.

The theme of this work is no novelty, as in every corner of the world one may find anonymous, spontaneous or vernacular architecture, or whatever the scholars may call it. But today this is out of fashion: We live in times of high turnovers and shopping centres. The richness to be found in the specificity of this architecture is, however, enormous, and should be known about, wherever it is to be found. In this case, a small corner of the planet: In the arms of the mountains, in Mantiqueira (witch in Tupi-Guarani's family language means montain that cries).

This photographic record forms part of a research conducted in May 1984 for an exhibition called Caipiras, Capiaus: Pau-a-Pique, run by Lina Bo Bardi and presented in the Leisure Centre SESC Pompeia Factory during the same year.

Foram quinze dias de viagem pelo Sul de Minas, na região da Mantiqueira, perfazendo aproximadamente 4 mil quilômetros em zigue-zagues por estradas de terra. Victor Nosek, companheiro de viagem, dividiu comigo as responsabilidades e os resultados de tal pesquisa e, durante cinco dias, Flávio Carvalho Ferraz foi um ótimo guia para esta região.

The research called for fifteen days of travelling in Southern Minas Gerais in the Mantiqueira region, covering roughly 4 thousands kilometres in a zigzag pattern over dirt roads. Victor Nosek, my travelling companion, divided with me the responsibilities and the results of this research and, during five days, Flávio Carvalho Ferraz was an excellent guide for this region.

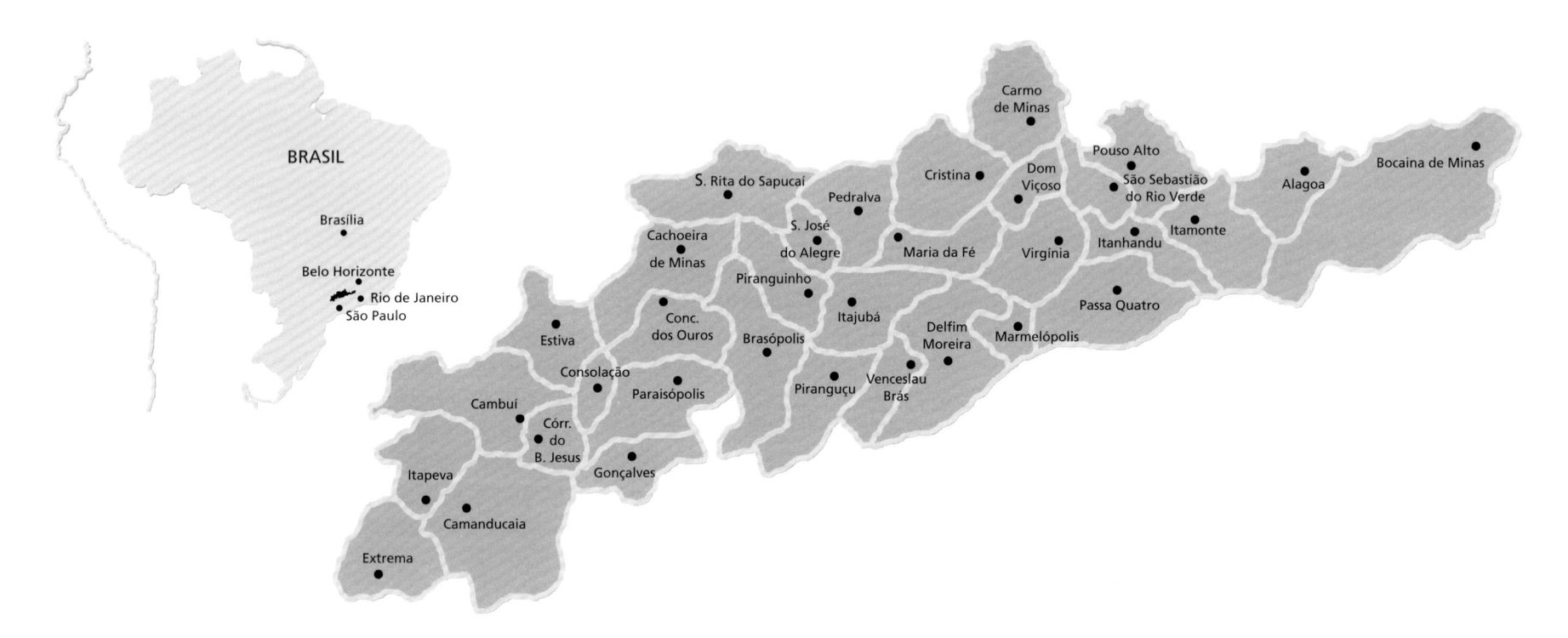

O itinerário percorrido não obedeceu a um rígido critério pré-estabelecido de escolha. Foi mais uma resultante da intuição momentânea. Evidentemente, existia um percurso, traçado a grosso modo, de ida e volta. No entanto, os *gaios* (galhos, ramificações) de estradas eram muitos e nos levaram muitas vezes a surpresas. As antenas estavam ligadas e, desta vez, nas raízes.

Depois de sete anos e muitas outras viagens à região, selecionei, dentre os oitocentos slides acumulados, aqueles que pudessem mostrar o que bem poderia se chamar: arquitetura da roça.

The course covered did not follow any rigid pre-established rules of choice, but was more the result of momentary intuition. There was of course a roughly established route to and from the area, but the forks and ramifications of the roadways were many, and often led us to surprises. Our attention was alert, this time, to our origins.

Seven years later, after many trips in the region, I selected from among the 800 slides taken during this trip, those depicting what could well be called rural architecture.

A arquitetura da roça

A Serra da Mantiqueira se desenvolve a partir de São Paulo (Serra da Cantareira) no sentido Nordeste, dividindo as águas do Rio Paraíba – nos estados de São Paulo e Rio de Janeiro – das águas da bacia do Rio Grande, do lado de Minas Gerais.

Do lado do Paraíba, a serra desce em quedas acentuadas e bruscas, encontrando rapidamente o vale. Do lado mineiro, a paisagem é outra. A serra se espraia num mar de morros, numa longa sequência de grotas e pequenas várzeas. A água é abundante e cristalina, e a vegetação se compõe de pequenas matas, pastagens e áreas de cultura. Planta-se milho, batata, mandioca, café e, nas baixadas, arroz.

Os habitantes desta região – homens e mulheres que trabalham a terra – parecem, à primeira vista e diante de desconhecidos, pessoas fechadas e introspectivas. São desconfiadas. Mas à medida que o visitante forasteiro vai ganhando a sua confiança, eles vão se abrindo em histórias e sabedorias. Sua simplicidade se revela, então, uma sofisticada e rica simplicidade.

O homem da roça não é como o da cidade. O ritmo e a velocidade da sua vida são regidos pela natureza, pelo que é próprio à plantação e à criação. Sua língua é a do campo cultivado ou da pequena fábrica artesanal. E enquanto o centro não assimila completamente o país inteiro, impondo um modelo único trazido pelas estradas e pela televisão, sua cultura permanece bastante original: uma cultura pobre que se articula segundo a infinita complexidade da existência.

Este caráter do homem da roça, associado à paisagem da serra e, quem sabe em que medida, fruto desta paisagem, está impregnado na arquitetura simples e despojada, porém sábia e engenhosa, aí produzida.

Percorrendo as sinuosas estradas de terra, subindo até os divisores de águas ou descendo em direção aos pequenos vales, vemos, salpicadas na paisagem, as casas da roça. Ora em destaque, marcadas pela cor em contraste com a vegetação – os vários rosas e azuis ou o branco caiação –, ora camufladas em verdes e em tons de terra. Ora aglomeradas nos pequenos bairros nascidos em torno de uma igrejinha, uma escola e uma praça-terreiro, ora solitárias e espalhadas pelo campo. Ao aproximarmo-nos, tentamos desvendar a lógica que rege a construção neste universo.

Rural Architecture

The Serra da Mantiqueira mountain range extends from São Paulo at the Serra da Cantareira in a Northeasterly direction, separating the waters of the Paraíba River, in the states of São Paulo and Rio de Janeiro, from the waters of the Grande River, on the Minas Gerais side.

On the Paraíba side, the mountain descends in accentuated, steep inclines, rapidly reaching the valley. On the Minas side however the scenery is different. The mountain spreads out into a sea of hills, in a long sequence of valleys and small plains. Water is abundant and crystal clear and the vegetation is comprised of small copses, pastures and fields of crops, where corn, potato, manioc, coffee and, in the bottomlands, rice is grown.

The inhabitants of this region – men and women that work the land – appear at first sight to be uncommunicative and introspective before strangers. They are suspicious, but as the visiting stranger gains their confidence they come forth with stories and wisdom. Their simplicity is revealed then as a sophisticated and rich one.

The field worker is not like a city man. The rhythm and pace of his life are governed by nature, by what is right for his crops and for his animals. His talk is concerned with cultivated fields or a small handcraft shop. And as long as the central region does not completely assimilate the entire country, establishing a single model brought in by the highways and by television, his culture remains unique; a poor culture adapted to the infinite complexity of existence.

This character of the field worker, associated with the mountain scenery and, who knows to what extent, resulting from this scenery, is incorporated in the simple, unpretentious but knowledgeable and ingenious architecture produced there.

Driving along the winding dirt roads, climbing up to watershed divides or descending into the small valleys, we see small farm houses scattered over the landscape. Sometimes standing out by their colour contrasting with the vegetation – several tones of pink and blue or whitewash, sometimes camouflaged in greens and earth tones. Sometimes grouped together in little hamlets that have grown up around a small church, a single school and a village square, sometimes solitary and scattered around the fields. As we draw near, we try to discover the logic that determines the construction in this universe.

Parece que tudo começa com o acerto na escolha do terreno, o sítio mais adequado para se erguer a casa e os equipamentos circundantes, essenciais para a vida cotidiana. Este, quase sempre, está à meia encosta, protegido dos fortes ventos, próximo ao veio d'água que deve chegar por gravidade, e em chão firme sem o risco de erosão. A construção da casa nunca deve acarretar movimentos de terra. Sua implantação parece mais um pouso, sendo o terreno respeitado em sua maior ou menor declividade.

A casa, quando de madeira ou pau-a-pique, está solta do chão alguns centímetros ou até metro e tal, para evitar a umidade do solo. Quando de alvenaria, ela está assentada sobre embasamento de pedra.

A pintura, em geral caiação, serve também como assepsia contra os insetos e, numa rotina incorporada à vida como o plantar ou colher, é refeita todo ano. Quando não são caiadas, as casas são rebocadas com argila tabatinga cuja cor varia do cinza quase branco ao cinza chumbo, passando por vários tons do marrom.

Para os menos acostumados, pode parecer estranho o tamanho das portas e das janelas destas casas, e também a altura de seu pé-direito. Com mínimas dimensões e *estranhas* proporções (ao contrário da casa de fazenda), parecem transformar estas construções em pequenas caixas fechadas.

Assim concebidas, as casas parecem ser o abrigo ideal, a proteção e o aconchego para quem, por todo o dia, trabalhou no campo sob a chuva ou sob o sol. A casa é o momento do recolhimento íntimo, do escuro da luz do lampião de querosene, do descanso para a vista que, desde os primeiros raios do sol até o anoitecer, teve os seus limites nos verdes-azuis da sucessão de planos que formam o grande mar de morros.

Frequentemente, encontramos, ligados às casas, os telhadinhos secundários ou puxados que, não sendo varandas, têm a função específica de cobrir e proteger o forno de barro, a moenda manual de cana, os arreios e ferramentas da lavoura ou mesmo uma cozinha aberta, ligada ao terreiro. Este terreiro, assim chamado por ter sempre piso de terra batida, parece organizar à sua volta a distribuição das construções secundárias: o paiol de milho com os ninhos de galinha pendurados externamente em suas paredes, o chiqueiro, o banheiro (*casinha*) próximo da água corrente, o poço, o forno, o abrigo para a carroça e outras mais.

Feitas sempre com madeira – tábuas ou paus roliços – ou bambu, e com o barro da região – tijolos, telhas pau-a-pique – estas construções têm as mais

It seems that everything starts with a careful selection of the land, the most suitable site on which to build the house and its surrounding facilities, essential for everyday living. This is almost always half way up a slope, protected from strong winds, close to a stream of water that should run by gravity, and on firm ground with no risk of erosion. Construction of the house should never involve earth moving. Its position rather suggests it has alighted, respecting the greater or lesser declivity of the terrain.

When the house is of wood or of stud-and-mud construction, it is raised a few centimetres or even a metre or so above the ground, to avoid dampness. When the house is of masonry, it is seated on stone foundations.

The paintwork, usually whitewash, also serves as a deterrent against insects and in a routine incorporated into life just as planting and harvestings is, it is redone every year. When they are not whitewashed, the houses are plastered with tabatinga clay, its colour varying from off-white grey to lead grey, and through various tones of brown.

For those unaccustomed to them, the size of the windows and doors of these houses may seem strange, as well as the ceiling height. With minimum dimensions and *unusual* proportions (in contrast to plantation houses), they seem to transform these buildings into small closed boxes.

Under this concept, the houses seem to provide the ideal shelter, protection and snugness for someone who has worked all day in the fields under sun and rain. The home is a moment of intimate shelter, of gloomy kerosene lamplight, of rest for eyesight that since the first rays of dawn until sundown has been straining at the blue-greens of a succession of planes that form the great sea of hills.

We frequently found secondary little roofs or extensions attached to the houses, which were not porches but had the specific function of covering and protecting a mud oven, a hand driven sugar cane mill, harnesses and farming implements, or even open kitchens, connected to the yard. This yard, always of beaten earth, seems to gather around it the distribution of secondary constructions such as a corn crib with chicken nests hanging on the outside of the walls, a pig pen, a toilet (outhouse) close to running water, a well, an oven, a shed for the cart and so forth.

Always made of wood – boards, poles or bamboo – and from the local mud – bricks, tiles, stud-and-mud – these constructions have varying forms

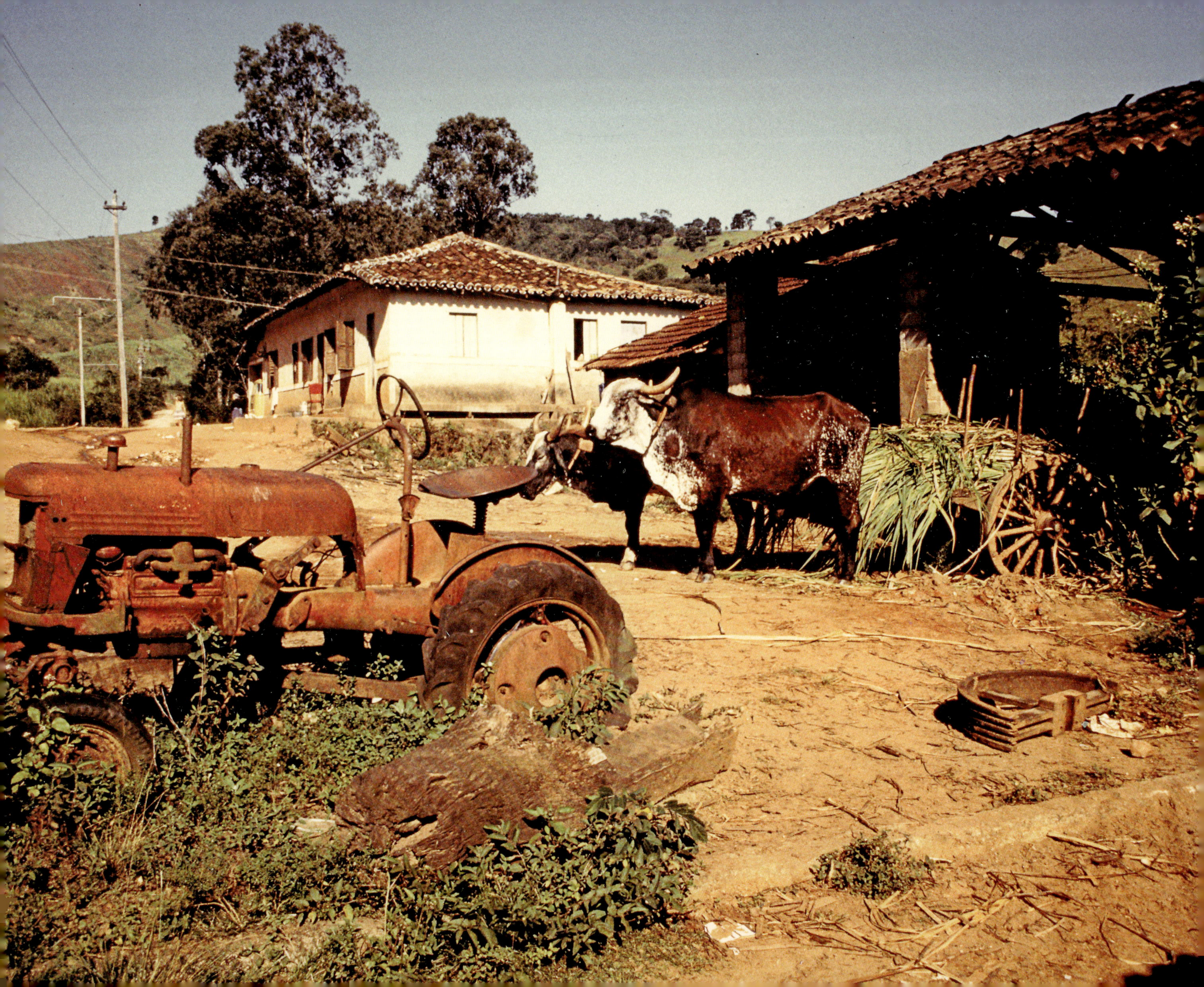

variadas formas e dimensões, e demonstram o quanto o verdadeiro conhecimento dos materiais em suas possibilidades e limitações de uso é fundamental no ofício de construir. O bambu, por exemplo, para ter seu uso prolongado, deve ser cortado na lua minguante, e em meses sem "R" (maio, junho, julho e agosto), e deve ser passado no fogo para arder, sem queimar.

Toda esta sabedoria se expressa muitas vezes em sofisticadas soluções técnicas e espaciais, passadas de pai para filho a se perder de vista no passado e, quem sabe, também no futuro. São os encaixes e travamentos da madeira, o assentamento das pedras, a mistura exata do barro com o estrume de gado e a cal para um reboco, o corte dos moirões da cerca em ponta para que a água escorra, ou a escolha do melhor ponto para a construção da pinguela que transpõe o córrego. São soluções como que estandardizadas, que vão sendo adaptadas aos diversos terrenos, às diversas orientações e aos novos materiais que vão chegando, mas que deixam uma margem enorme de liberdade para a invenção daqueles mais caprichosos, mais engenhosos ou criativos.

Voltando ao terreiro, poderíamos dizer que ele é uma espécie de grande sala de estar da casa rural. Na casa, além dos pequenos quartos, há apenas a cozinha que serve também como abrigo do frio e da chuva ao redor do fogão de lenha. Assim, é no terreiro que se recebem as visitas e que se conversa sobre a criação e a plantação. É do terreiro que se observa o céu profundo pipocado de estrelas nas noites frias de junho. É no terreiro que acontecem as festas de casamentos, os batizados, as ceias de Natal com leitoas e galinhadas, as rezas e, principalmente, as festas juninas, fortemente enraizadas nesta região. Por isso, sempre encontramos aí o pau-mastro com suas belíssimas pinturas e a bandeira hasteada de Santo Antônio, São João ou São Pedro, conforme a predileção do devoto.

Presença marcante na paisagem é a das capelinhas e também a das simples cruzes de beira de estrada. Às vezes, elas servem como marco (cruz) de uma morte ali ocorrida, mas, em geral, são mesmo capelas para novenas, festejos religiosos e para o pagamento de promessas. Geralmente são decoradas externamente com ramos de bambu e, no interior, com arranjos de flores de papel crepom ou de papel laminado recortado, que lembram os tradicionais arranjos florais do Minho, no Norte de Portugal.

Por último, cabe falar do grande entretenimento da vida rural (que também já usa a televisão) que é o circo. O circo-rodeio, chamado também de *Tório*

and dimensions, and prove how a sound knowledge of the materials and their possibilities and limitations for use are fundamental in the building profession. Bamboo, for example, to stand up to prolonged use should be cut during a waning moon in the months without an "R" (May, June, July and August), and should be passed through flame to singe it, without letting it burn.

All this knowledge is expressed many times over in sophisticated technical and spatial solutions, passed down from father to son from times lost in the past, and who knows, which may extend into the future. The joints and mortises in wood, the laying of stones, the exact mixture of mud with cattle dung and lime for a plaster, the cutting of fence posts with sharpened points so rainwater will run off, or the selection of the best place to build a footbridge across a stream; these are practically standardized solutions which are adapted to the various building sites, to various orientations and to new materials as they appear, but which leave an enormous margin of freedom for the inventiveness of those who are more meticulous, ingenious or creative.

Returning to the yard, one could say that it is the rural home's equivalent of a large living room. In the house itself, other than the small bedrooms, there is only a kitchen which also doubles as a refuge from cold and rain around the wood stove. Therefore, it is in the yard that visitors are received and where one chats about animals and crops. It is from the yard that one looks up at the limitless sky studded with stars on cold June nights. It is in the yard that festivities are held for weddings, baptisms and Christmas feasts with suckling pigs and chickens, as well as prayer meetings, and above all the June festivals, strongly rooted in the region. For this reason, one always finds a mast standing there with its beautiful paintings and a flag hoisted in honour of St. Anthony, St. John or St. Peter, depending upon the follower's preference.

A notable presence in the landscape is the number of small chapels and simple crosses along the roadsides. Sometimes the crosses serve to mark the site of a death, but usually the chapels are for novenas, religious festivals and the payment of vows. They are usually decorated on the outside with bamboo fronds and inside with arrangements of crepe paper flowers or cut out foil paper, reminding one of the traditional floral arrangements of the Minho, in Northern Portugal.

Lastly, we must mention the great entertainment of rural life (which now has television also) which is the circus. The rodeo circus, also called a *Tório*, and

(tourada) e o circo-teatro. Sempre longe do asfalto, eles se apresentam nos pequenos povoados (distritos ou bairros), exercendo um papel fundamental neste *mundo*. Verdadeiramente participativo, o circo-rodeio utiliza nos seus espetáculos bois bravos e cavalos indomados emprestados nas redondezas, e também os montadores, que saem da própria plateia.

A construção e a decoração destes *mixurucos* circos expressam, em suas combinações de cores e nas pinturas das chapas de flandres, uma grande liberdade de criação.

Não interessa fazer aqui a apologia da casa de barro, onde moram também os barbeiros (insetos transmissores da doença de Chagas), nem o lamento de um mundo que está se transformando, e assim deve ser. Interessa olhar e compreender através desta arquitetura como é que esse homem da roça se relaciona com a natureza, como é que dela se apropria, enfrentando as dificuldades e adversidades que lhe são próprias.

Que a *pequena* arquitetura aqui mostrada, feita com tanta sabedoria e acerto, possa servir aos *construtores* como alimento à reflexão sobre esta tão fascinante e complexa profissão que trabalha com a arte e a técnica e com uma enorme responsabilidade civil.

Numa referência a Euclides da Cunha em *Os sertões*, agrupei as fotografias em três blocos: **a terra**, **o homem** e, ao invés da luta, **a arquitetura**, onde a luta também se dá.

Nota
1. PASOLINI, Pier Paolo (1975). *Os jovens infelizes. Antologia de ensaios*. São Paulo, Brasiliense, 1990, p. 68.

the theater circus. Always far from paved roads, they put on shows in small villages, districts or suburbs, playing a fundamental part for this *universe*. Truly participative, the rodeo circus uses wild bulls and untamed horses borrowed from around the neighbourhood, and the riders come out of the audience.

The construction and decoration of these tawdry circuses express, in their use of colours and in the painting of their tinplate signs great freedom of expression.

It is not our intention to present justifications here for mud buildings, which also house the barbeiro bug, the transmitter of Chagas´ disease, nor for the lament of a world which is changing, which is as it should be. It is our intention however to observe and understand through their architecture how these men of the fields relate to nature, how they adapt to it, facing up to the difficulties and adversities which are natural to it.

May the *small* architecture shown here, accomplished with so much knowledge and care, provide *builders* with food for thought about this so fascinating and complex profession that works with art and technology, and with an enormous amount of civil responsibility.

With a reference to author Euclides da Cunha in his book *Os Sertões*, I have grouped the photographs into three blocks: **The earth**, **the man**, and, instead of the struggle, **the architecture**, which also involves a struggle.

Note
1. Pier Paolo Pasolini (1975), *Os Jovens Infelizes. Antologia de Ensaios* **(São Paulo: Brasiliense, 1990), 68. Free translation.**

Marcelo Carvalho Ferraz

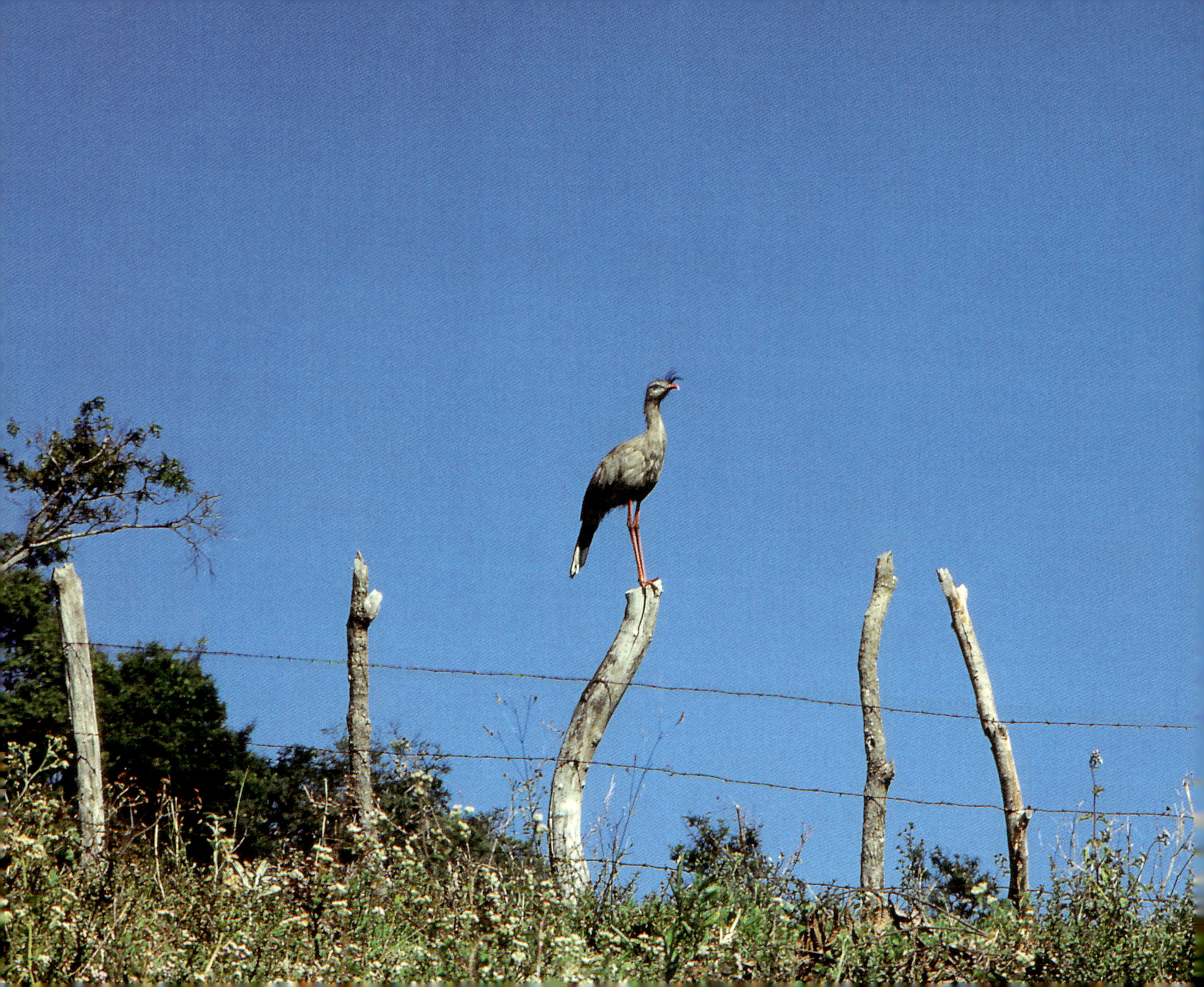

Seriema
para Marcelo Carvalho Ferraz

O moirão:
        pedestal
de madeira
        para a seriema
em seu ápice.
Captada
em seu trono,
        majestática,
vigia seu reino
        de campinas
sob um fundo azul.
Cantará a sibila
        o fim do estio?
Esperado canto
que invoca
as nuvens
e solfeja
a chuva
benfazeja
aos grãos
depois do plantio.

Donizete Galvão

Seriema que volta
para Donizete Galvão

Tiraste caldo de uma seriema,
que de um mourão seriemirava.
Elegante e esbelta mirava a mira
de um mundo revirado.

Mirava o alvo furacão cidade.
Seriemirava o longevirado mundo
que o azul lindo mascarava.

Manchas humanas seriemirava.
Crença urbana cidade,
nada passava.

Seriema ereta imóvel impassível
Cantava pelo poeta a beleza da criação
e a criação da beleza.

Ao longe a urbis, feia e bela, virada solidão.
Seriemirava descrente:
deste mundo, tô fora, quero não!

E nós, seriema?

Marcelo Carvalho Ferraz

Seriema (Cariama Cristata), ave da região
The Crested Seriema (Cariama Cristata), bird of the region

a terra

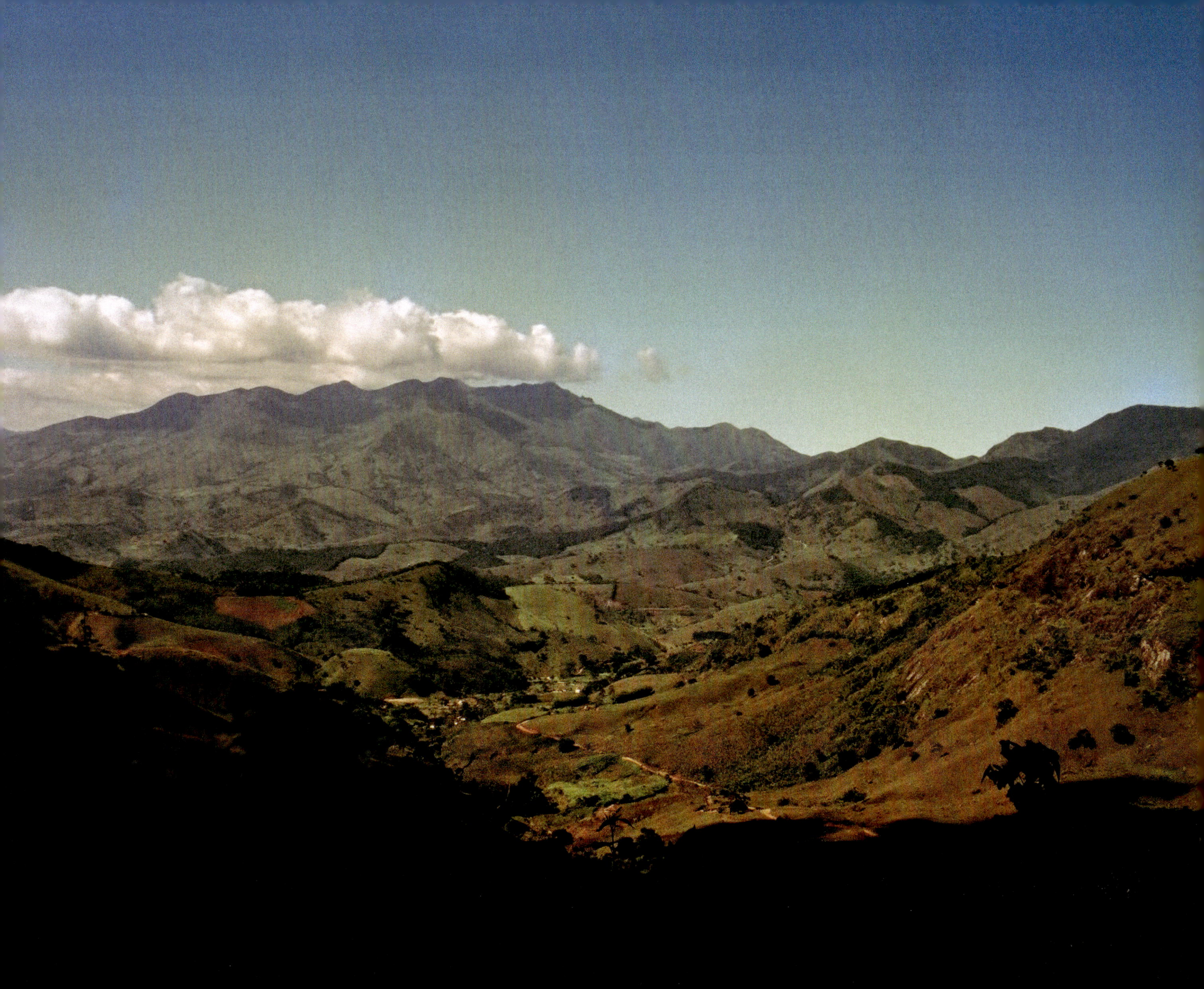

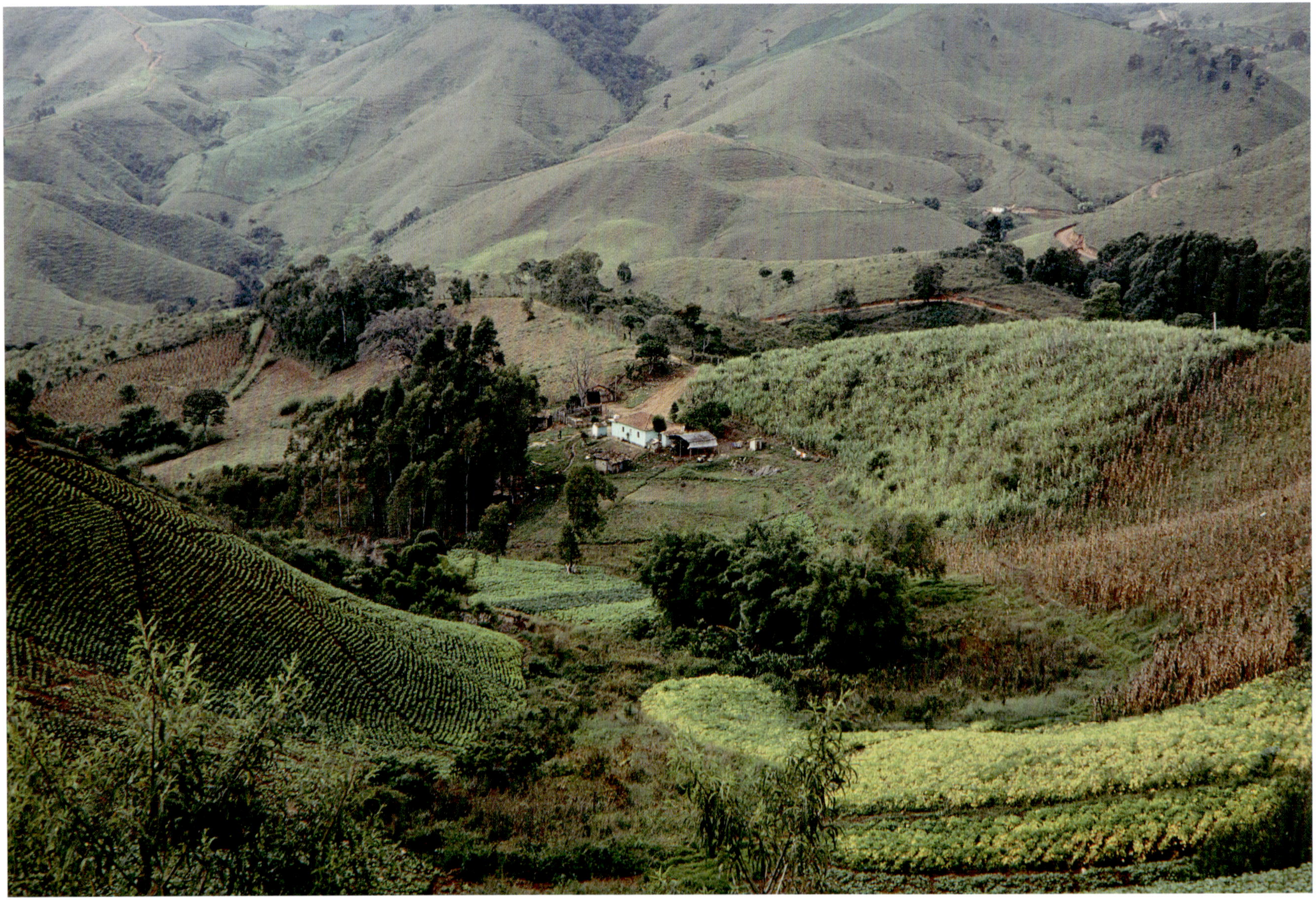

O colorido da região vem da diversidade das plantações, das pequenas matas naturais e da presença marcante das araucárias e manacás

The region's colouring comes from the diversity of crops, from the small natural forests and the singular presence of the araucária and manacá trees

Em meio à sucessão de morros, surgem pequenas várzeas, lugar dos vilarejos e das culturas de arroz, milho, fumo e feijão

Among the succession of hills, small flatlands appear, the setting for small villages, and patches of rice, corn, tobacco and beans

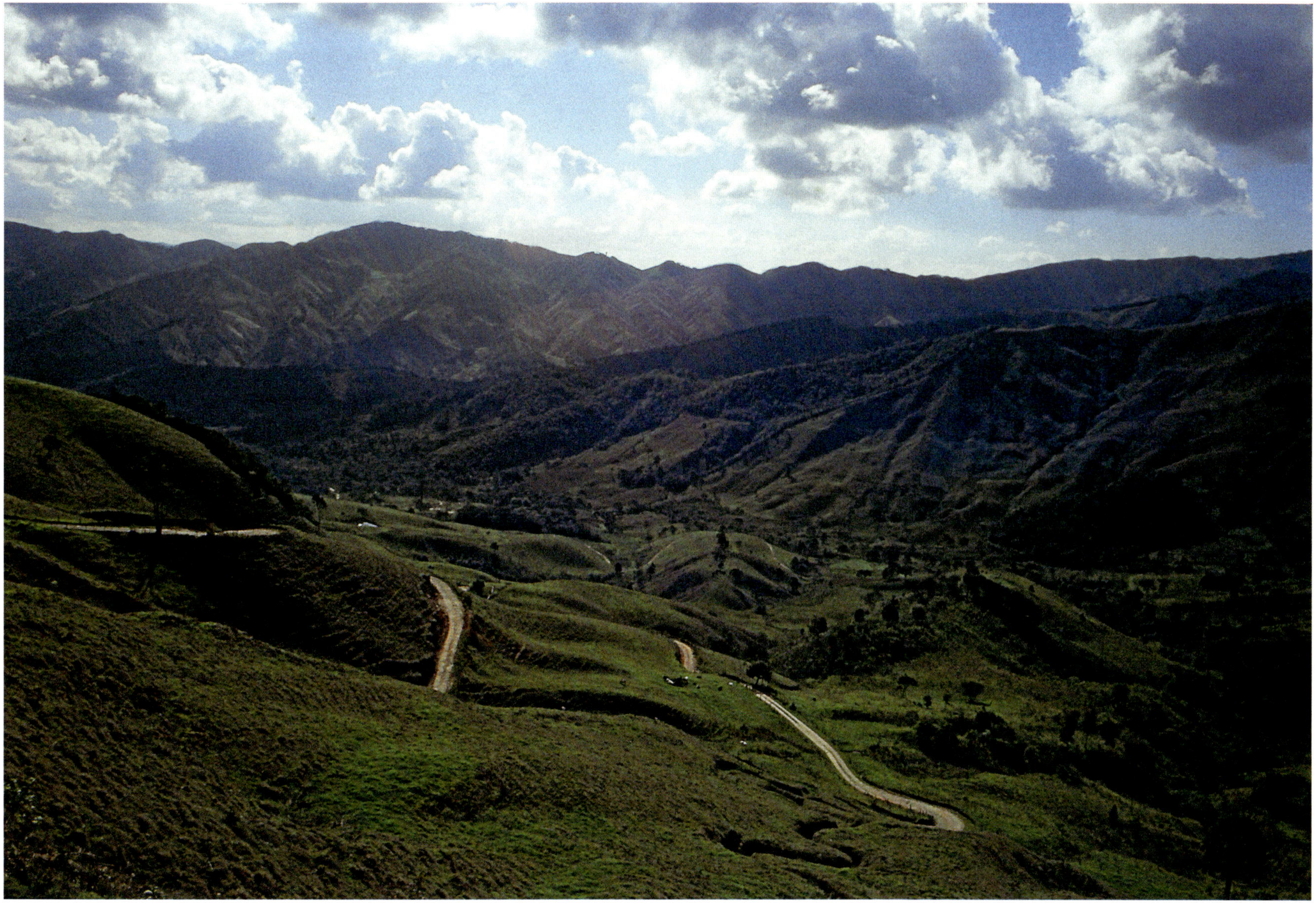

o homem

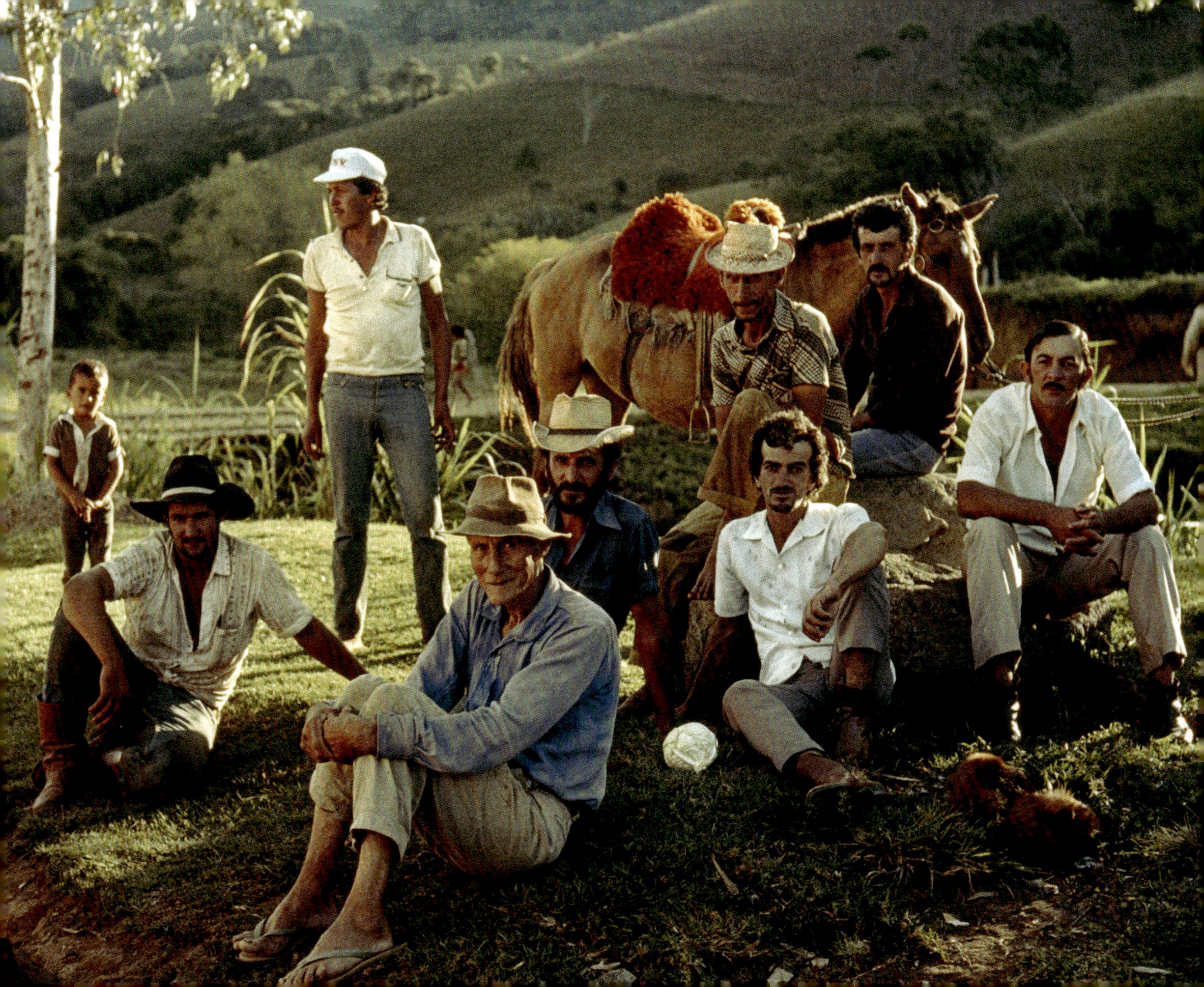

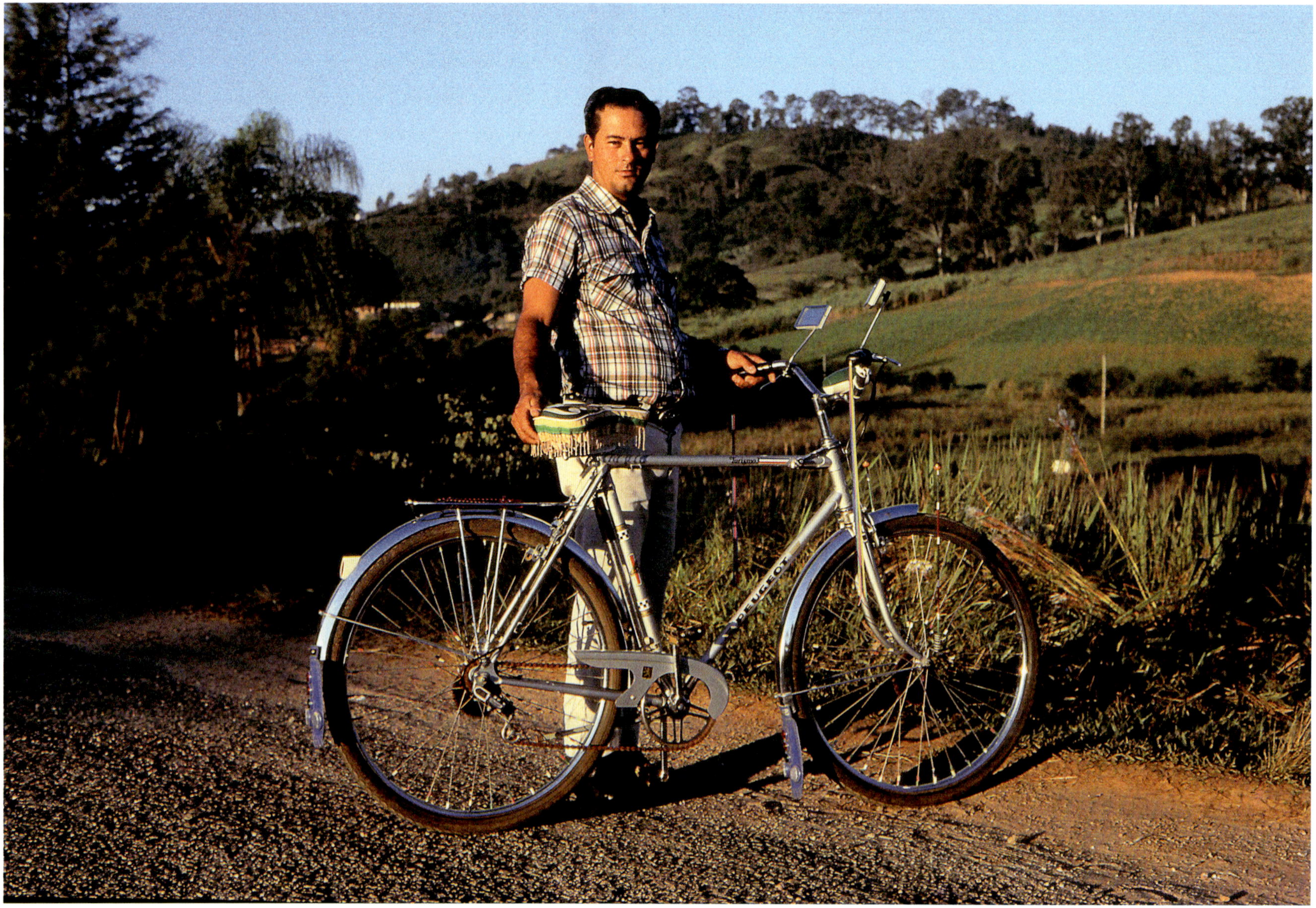

31

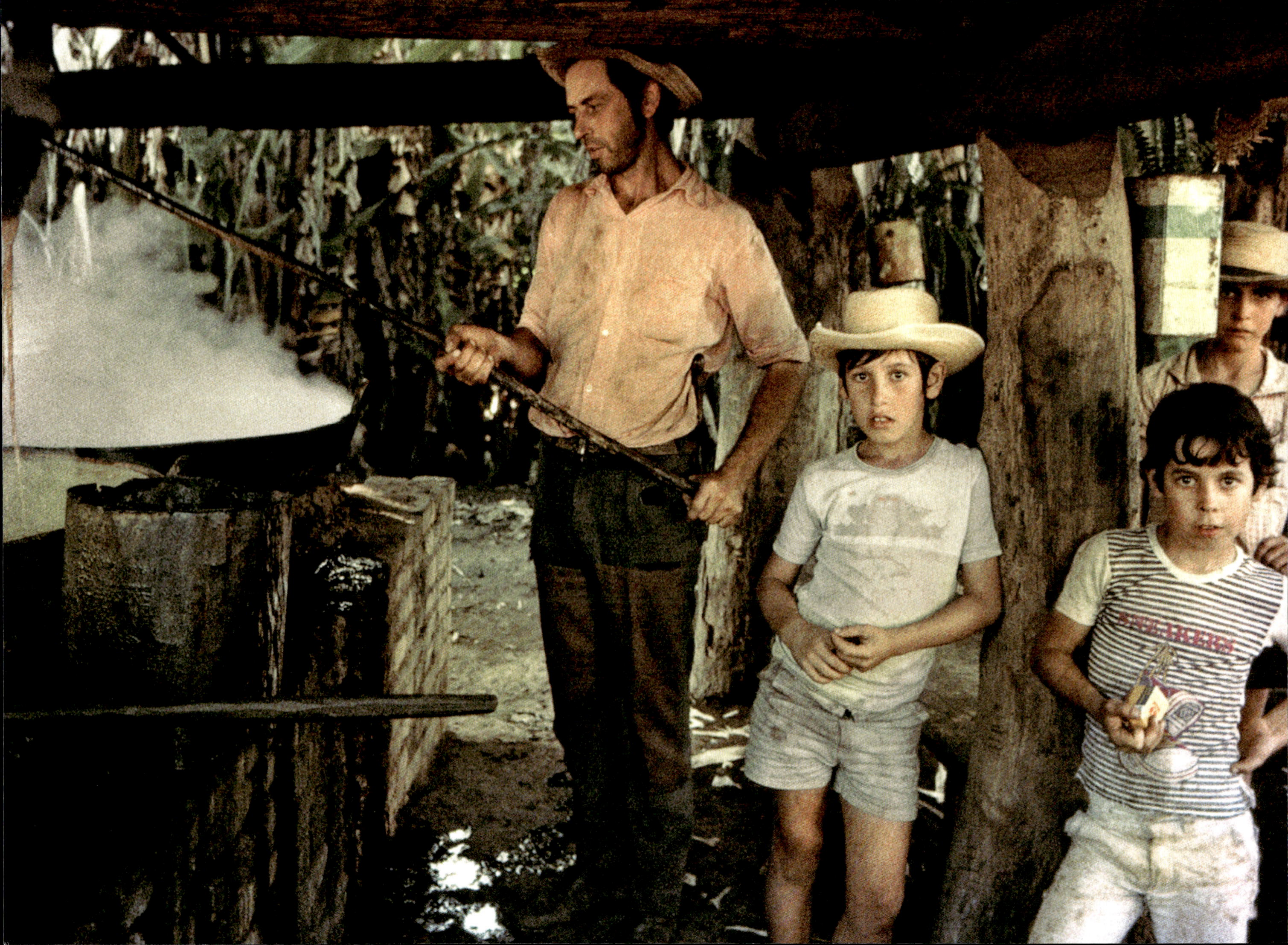

À esquerda, preparo da rapadura, alimento tradicional da região. Acima, jogo de *pião de relho*: nó-de-pinho e embira (cipó)
Left, rapadura **(raw brown sugar), a traditional food in the region, is being prepared. Above, games of tops: Pine-knots and embira (lianas)**

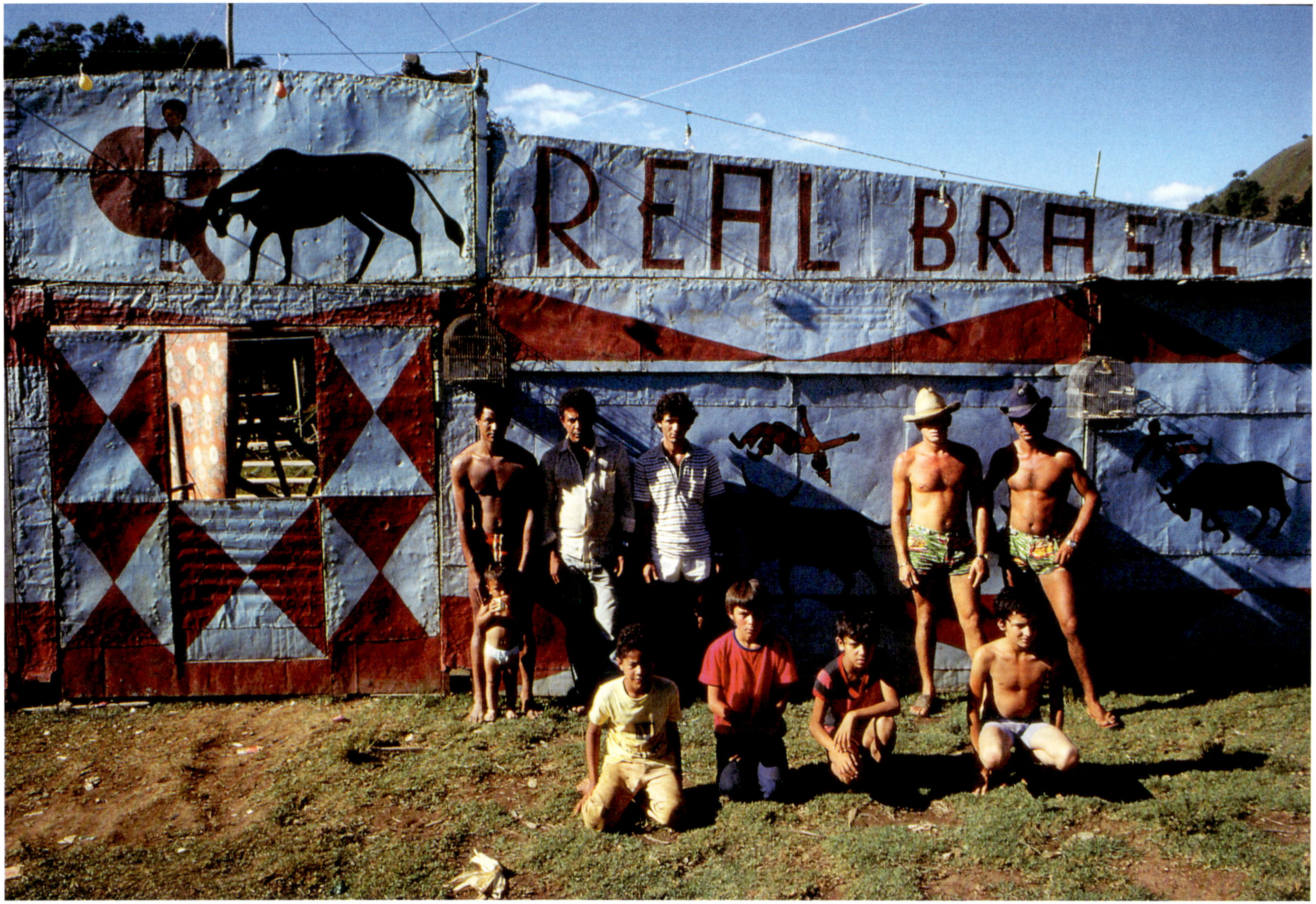
REAL BRASIL

Trupes de circos perambulam pela região levando diversão (Circo Rodeio Real Brasil e Circo Teatro Cimarrom)

Circus troupes Wander around the region providing fun (Rodeio Real Brasil and Teatro Cimarrom circuses)

CASA NINHO CHIQUEIRO CAPELA
MOENDA FOGÃO CIRCO MONJOLO
ENGENHO PINGUELA QUARADOR
RETIRO TANQUE CURRAL TULHA
FORNO GALINHEIRO PAIOL CRUZ:

a arquitetura

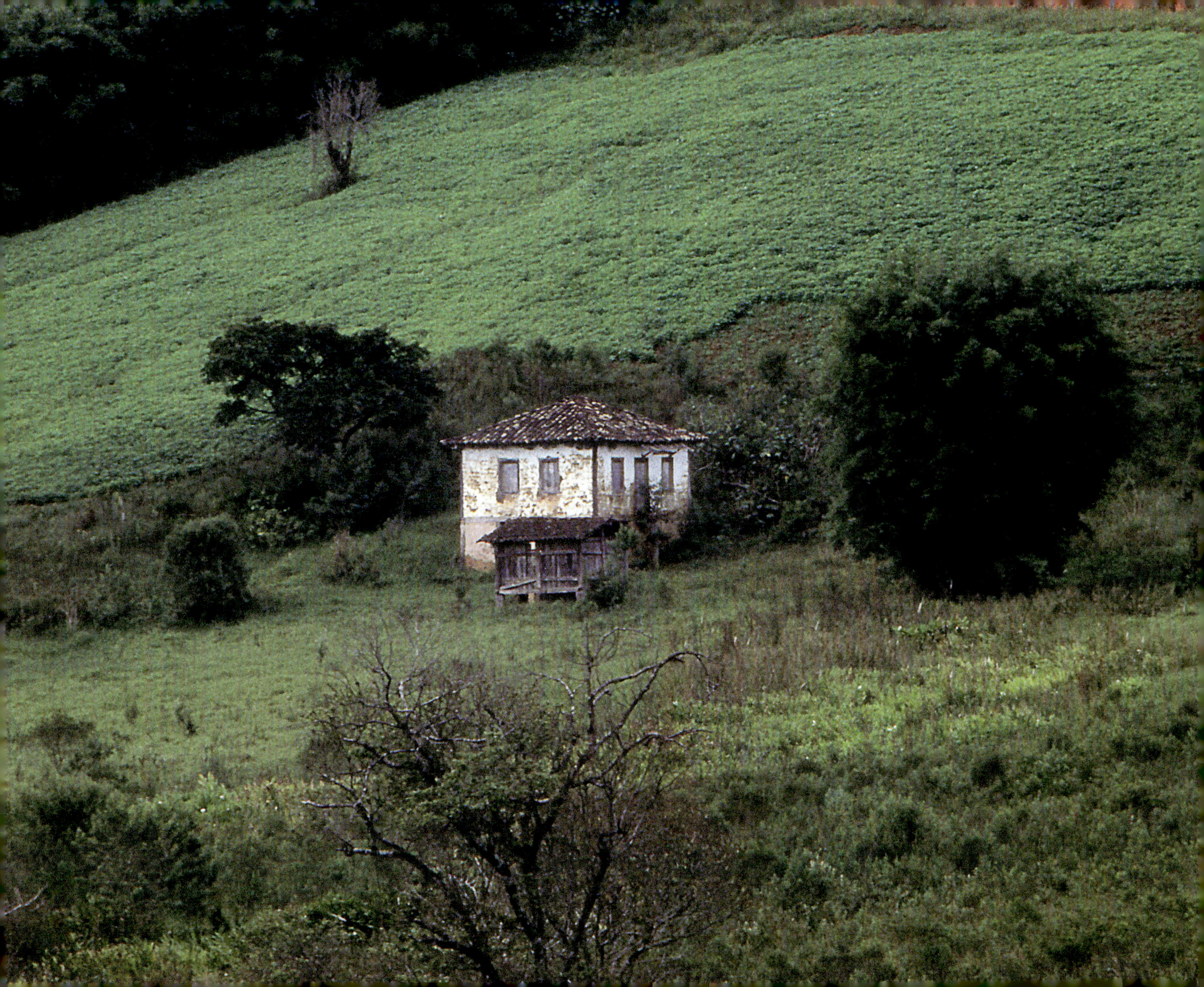

Na roça, as construções do homem e as da natureza têm a mesma importância: um paiol aqui, uma primavera ali, um curral aqui, uma frondosa árvore ali

In the fields, man's constructions and those of nature have the same importance: A corn-crib here, a bougainvillea there; a corral here, a shady tree there

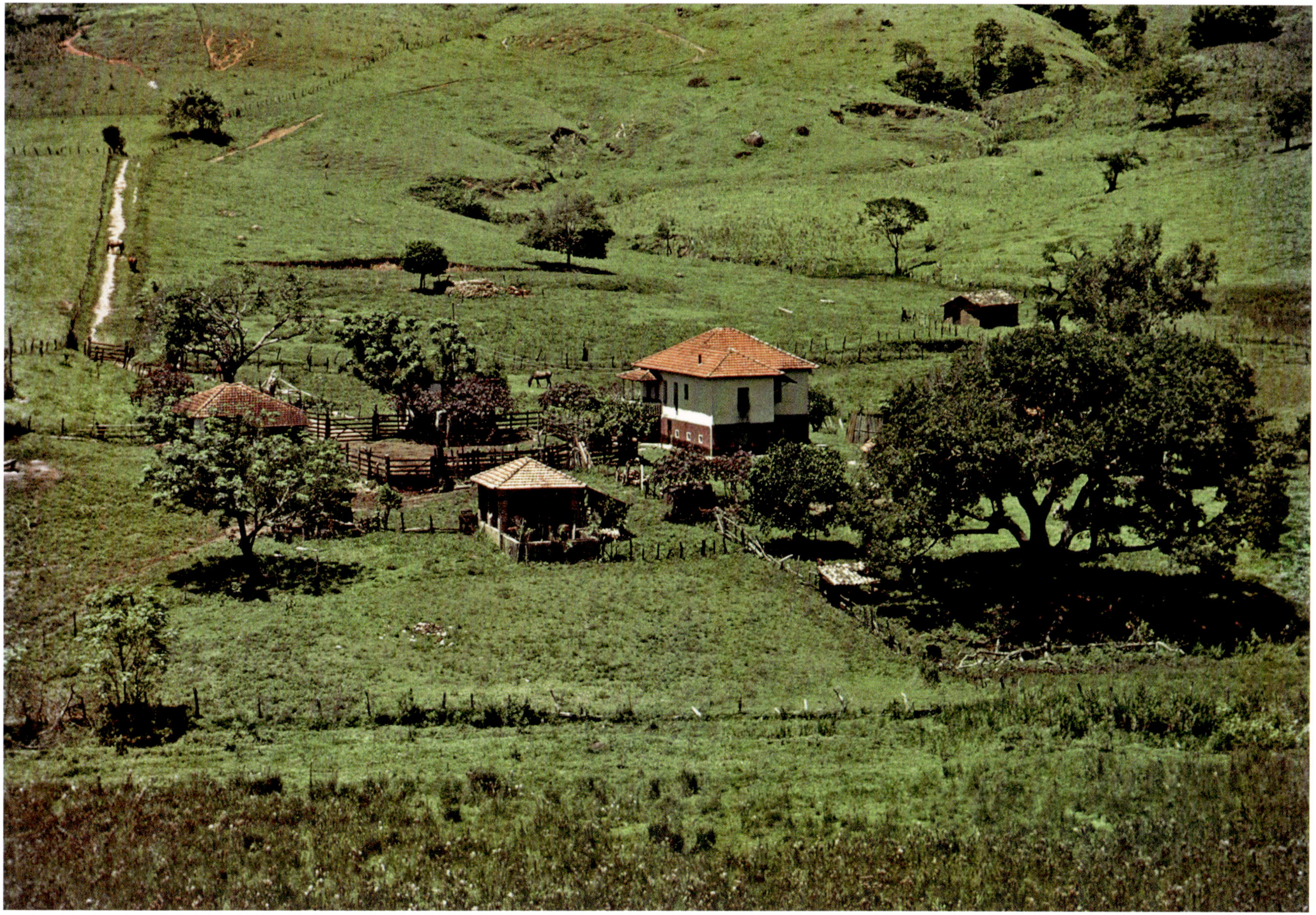

Casas de pau-a-pique, com estrutura portante em madeira
Mud-and-wattle houses, with the supporting structure in wood

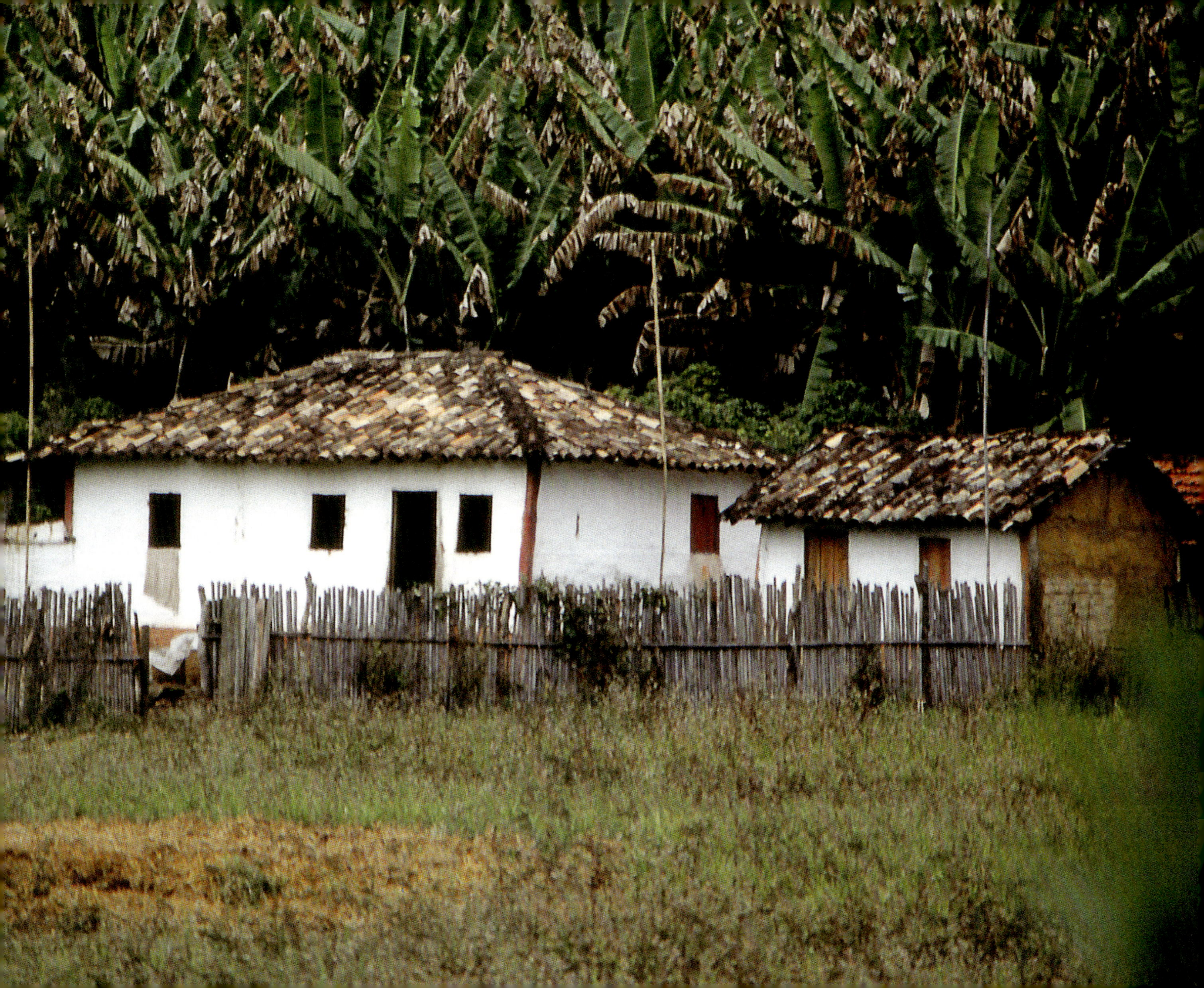

A mesma casa, fotografada após um intervalo de sete anos, mostra o refazer contínuo
The same house, photographed seven years later, shows the continuous maintenance

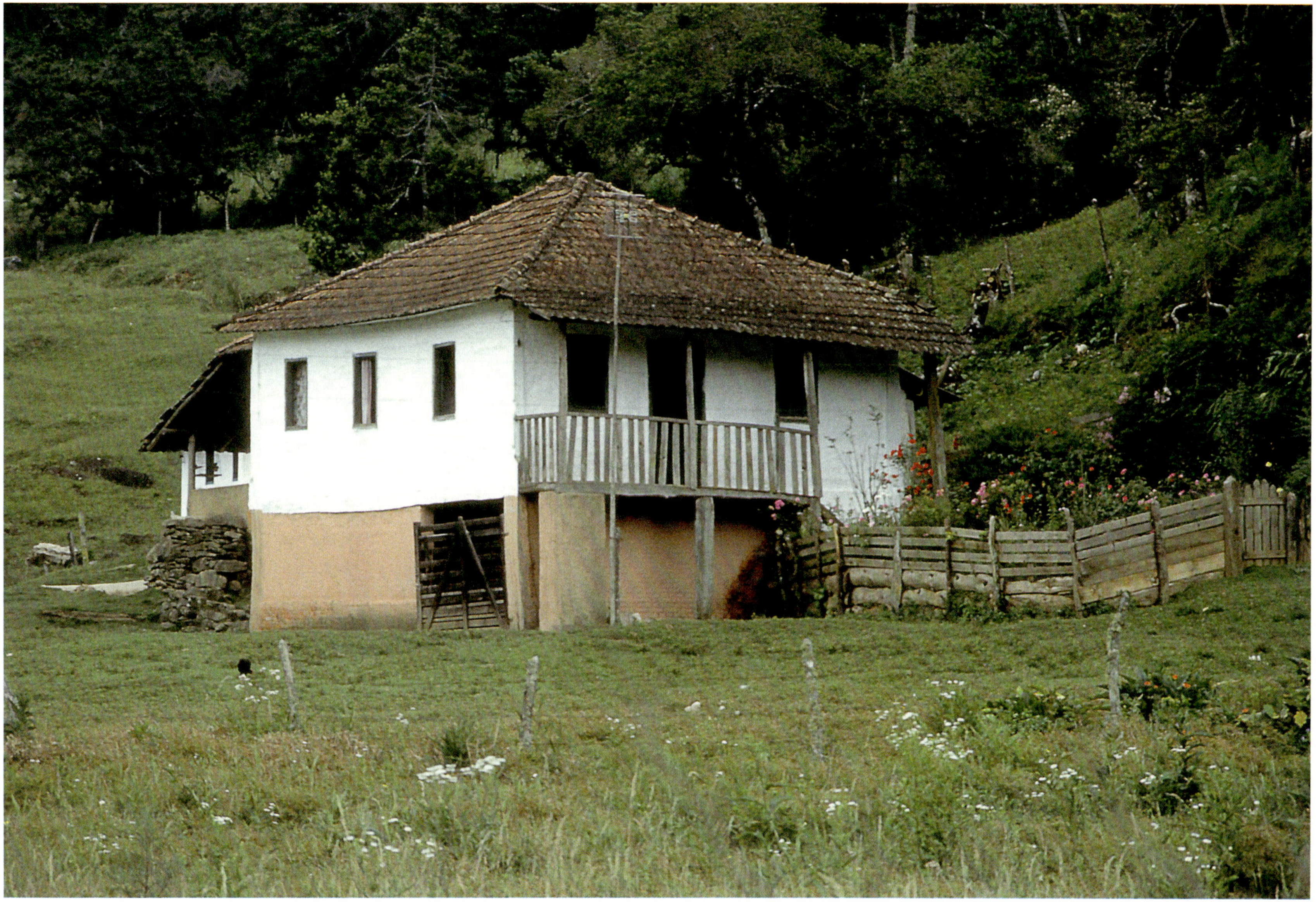

As casas são geralmente construídas pelos homens, mas, por superstição, o reboco manual deve sempre ser feito pelas mulheres

Houses are usually built by the men, but superstition demands that the plaster **should always be prepared by women**

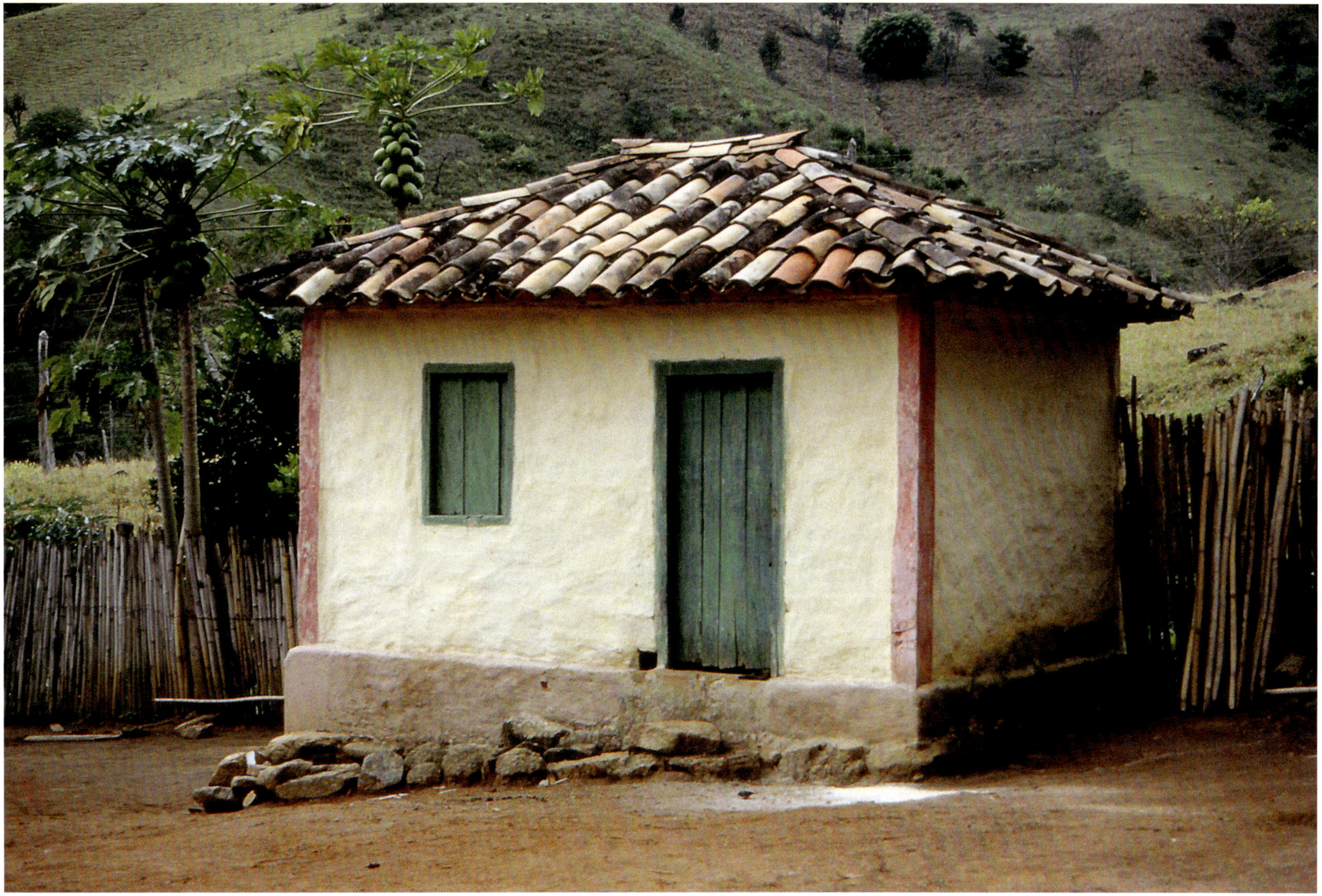

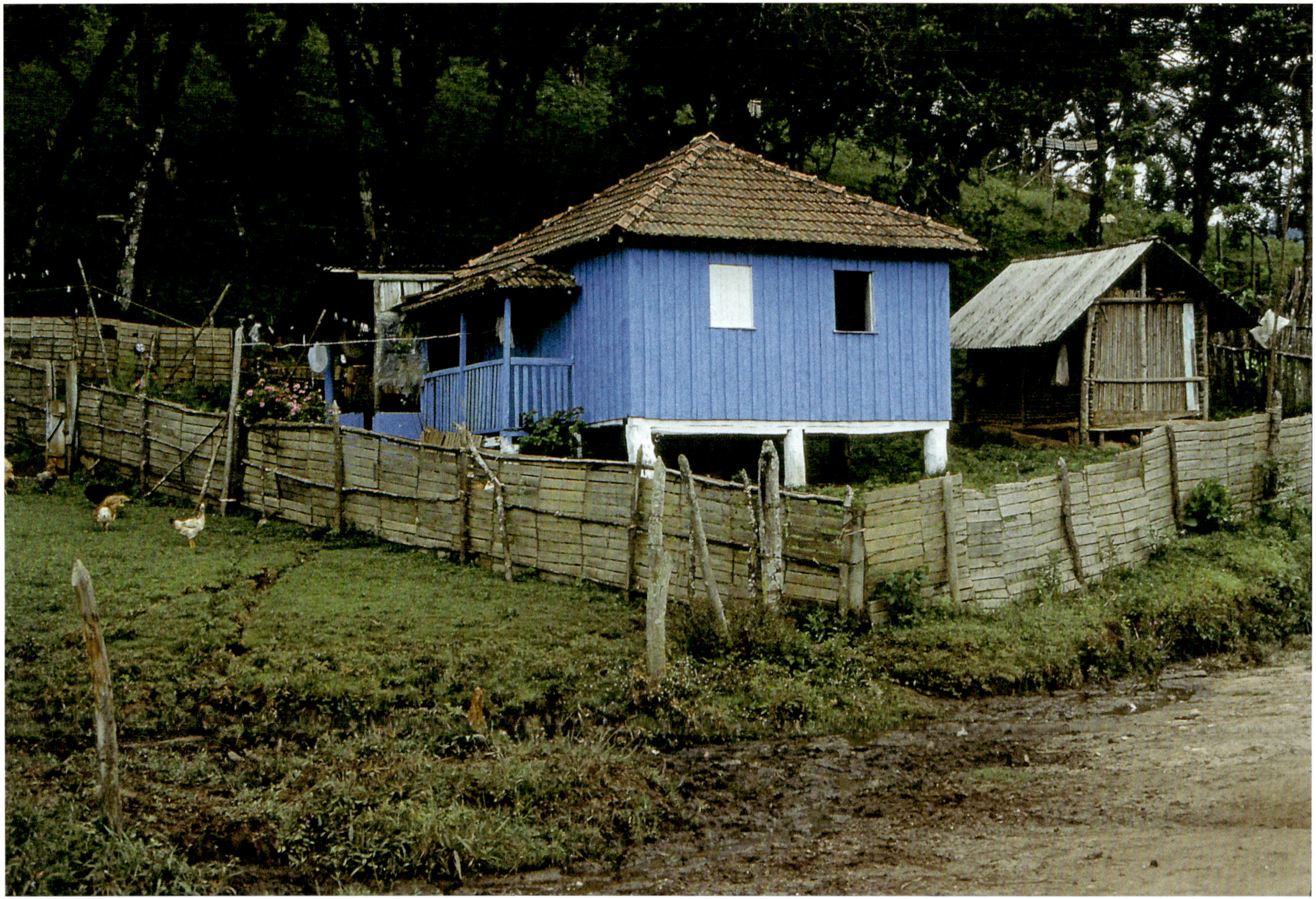

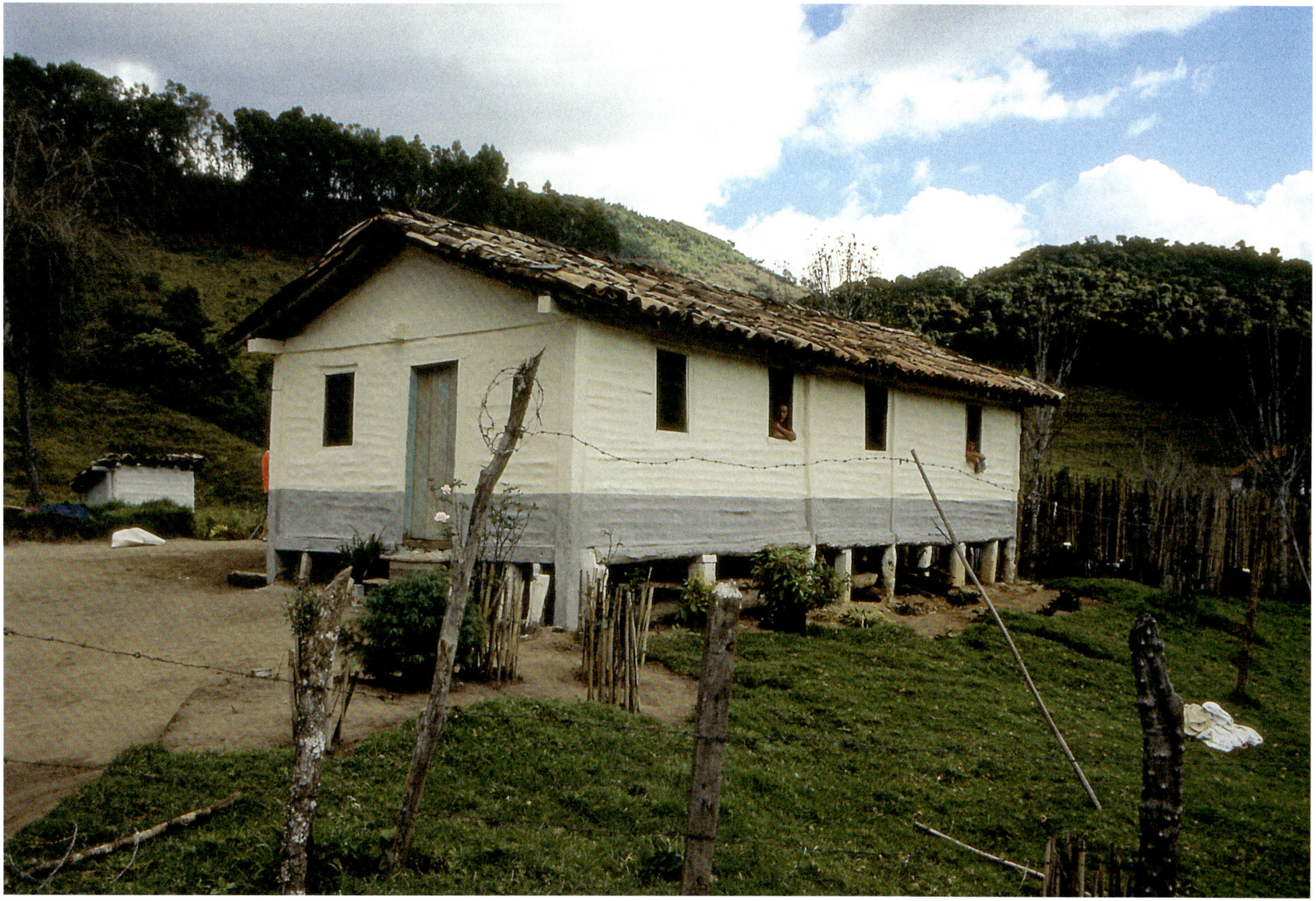

O terreiro diante da casa é o espaço articulador principal da vida rotineira: sala de estar, matança do porco e da galinha, secagem do feijão, café ou amendoim, e festas

The yard in front of the house is the main maneuvering space for everyday life: It is the living room, a place for killing pigs and chickens, for drying beans, coffee or peanuts, and for parties

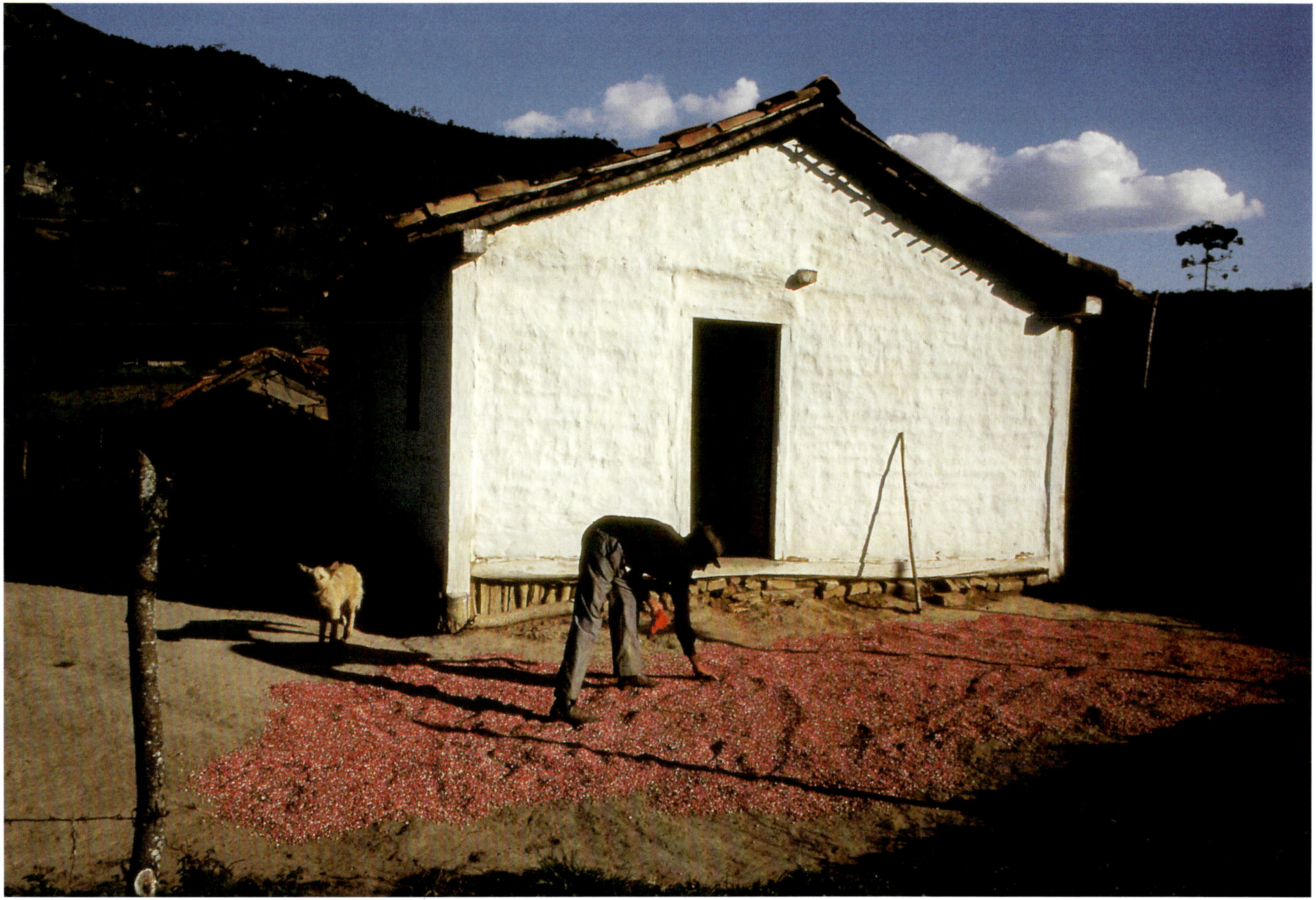

O despojamento do interior da casa revela o verdadeiro significado dos objetos, que não podem ser classificados em *utilitários* ou *decorativos*: são os dois a um só tempo

The items from inside the house show the real meaning of the objects, which cannot be classified as *utility* **or as** *decorative***: They are both things at once**

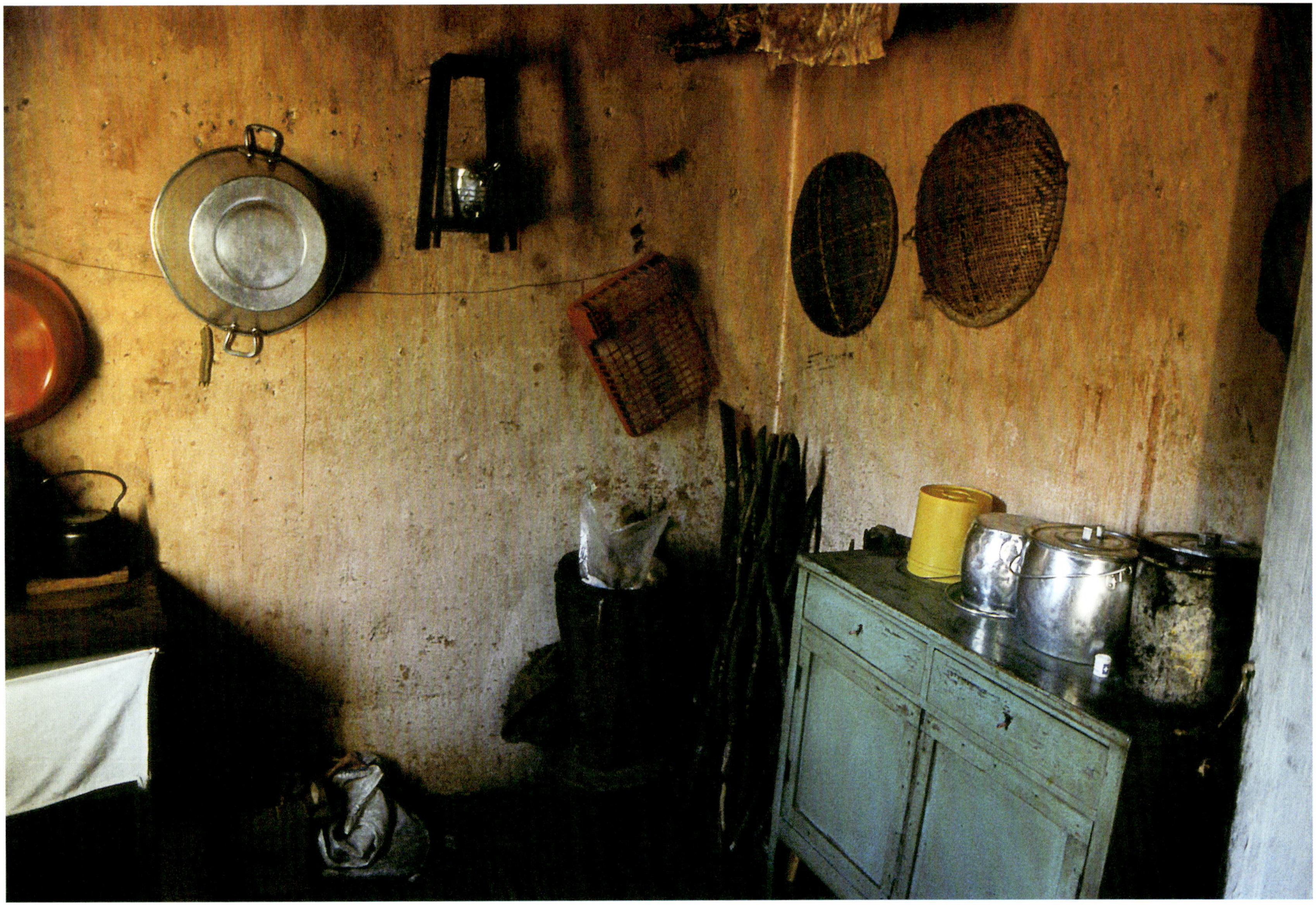

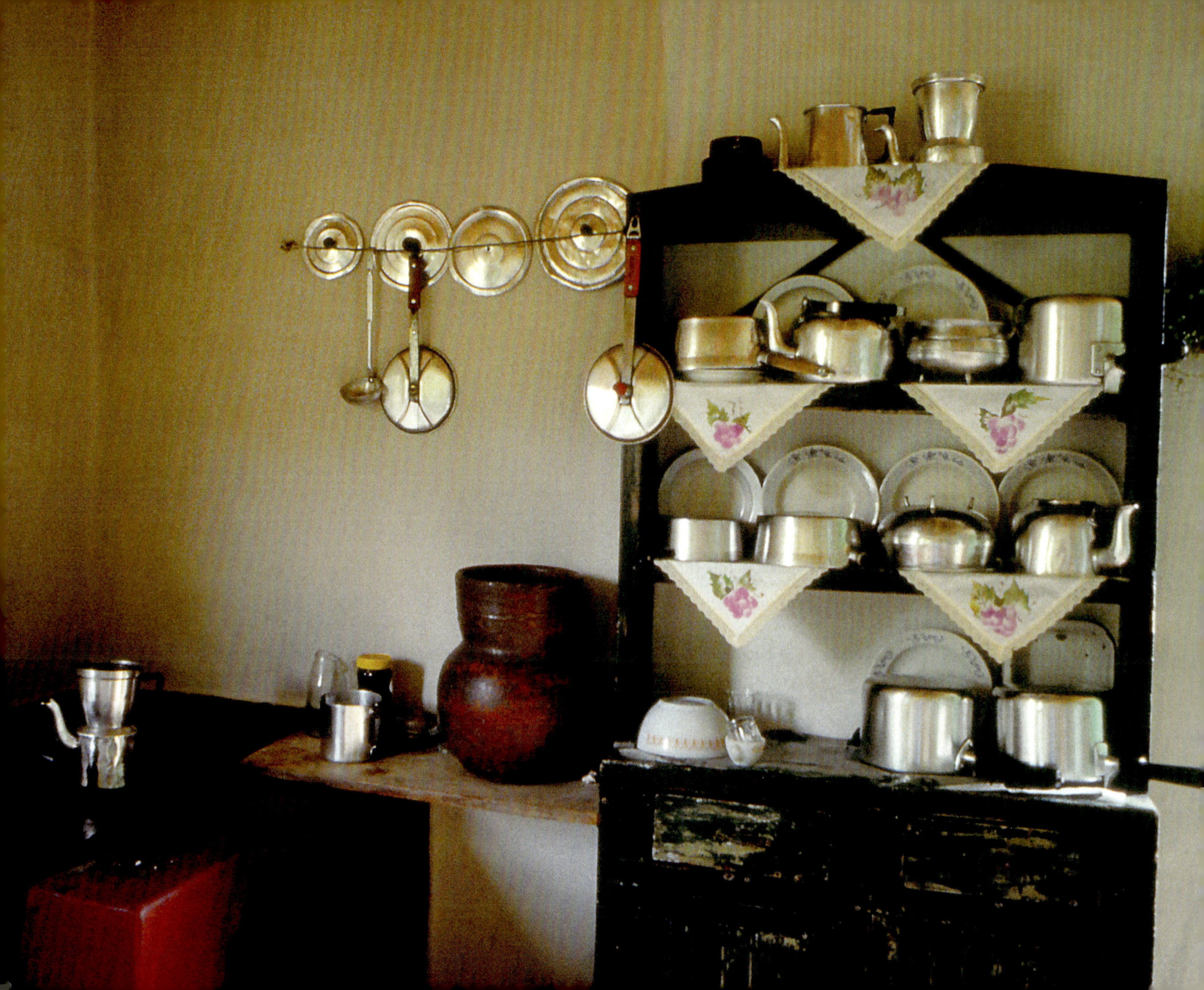

A *bateria*, depois de areada e *esterilizada* ao sol, é cuidadosamente guardada a um estender de braços, e sempre arejada

The pots and pans, after being scoured and *sterilized* in the sun, are carefully put away at arm's reach, always well ventilated

No frio, os fogões de lenha são também utilizados como lareira, onde se *quenta o fogo* sentado no surrado banquinho de madeira

In cold weather the wood-burning stove is also used as a fireplace, where one warms up on the well-worn wooden bench

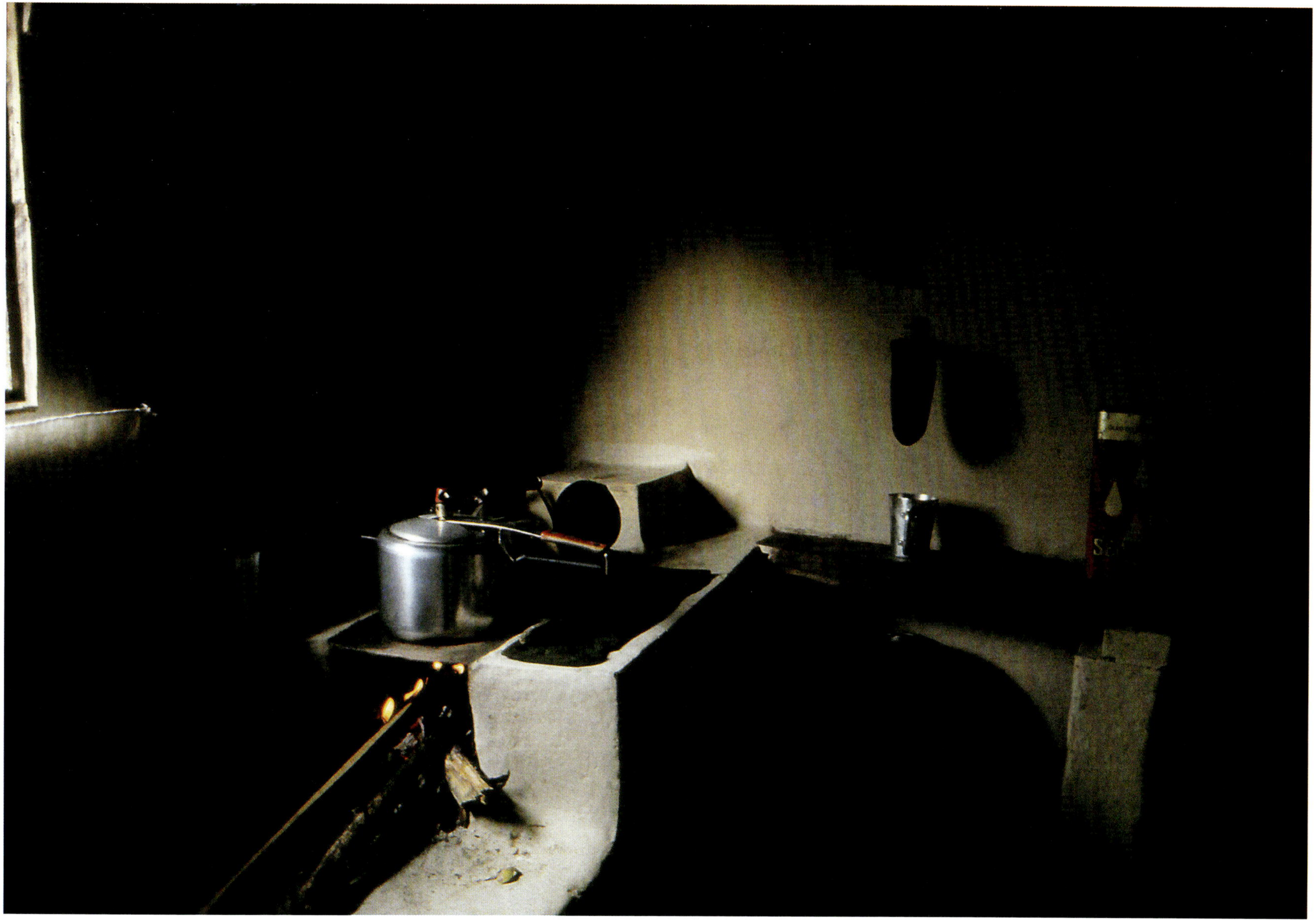

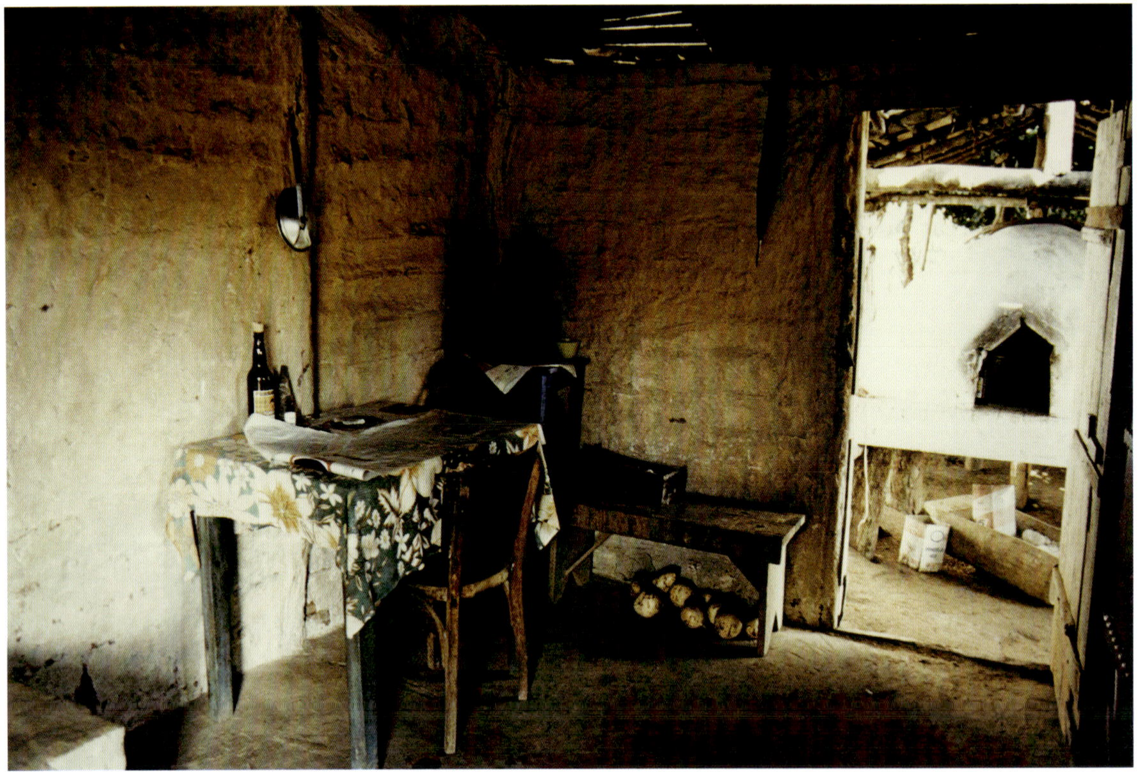

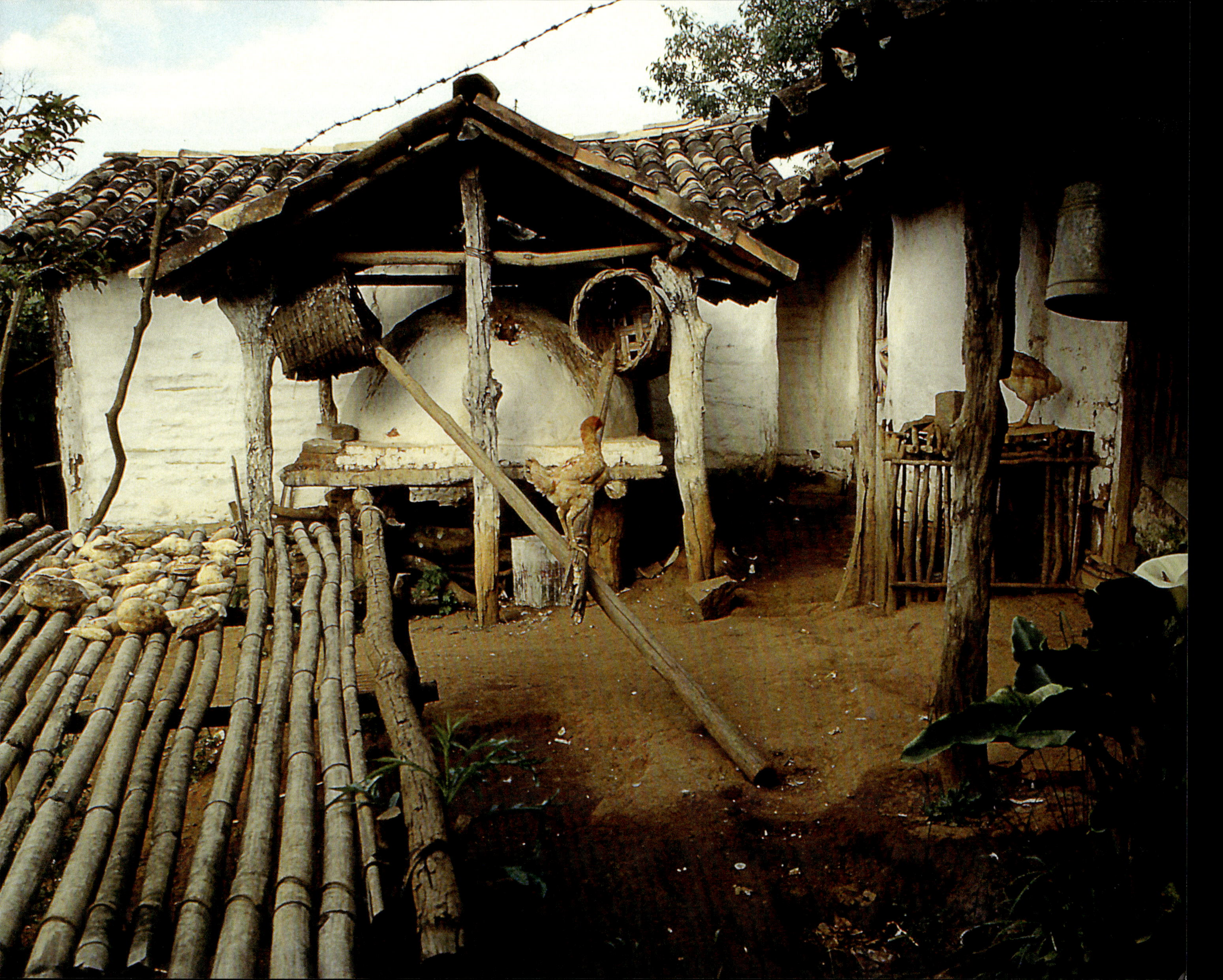

Os fornos de barro ocupam posição estratégica próximos da cozinha. São feitos de alvenaria de tijolo e revestidos com argila tabatinga dosada com um pouco de açúcar para evitar trincas. São os responsáveis pelos sequilhos, pães, biscoitos de polvilho e pelas famosas leitoas-pururucas

Mud ovens occupy strategic positions near the kitchen. They are built of bricks and coated with tabatinga **clay laced with a bit of sugar to avoid cracks. Here is where cookies, bread, biscuits and the famous crackling suckling pigs are baked**

59

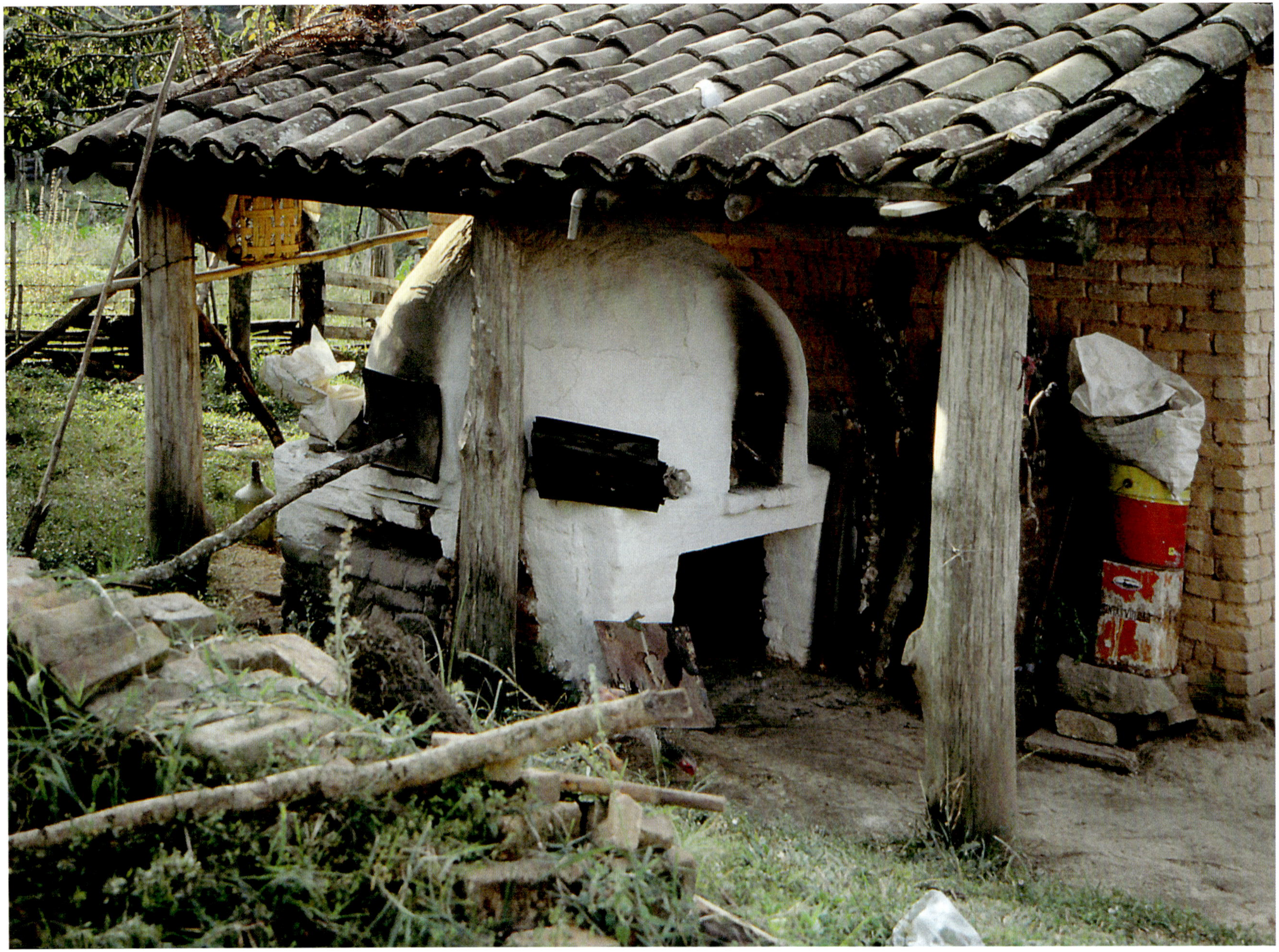

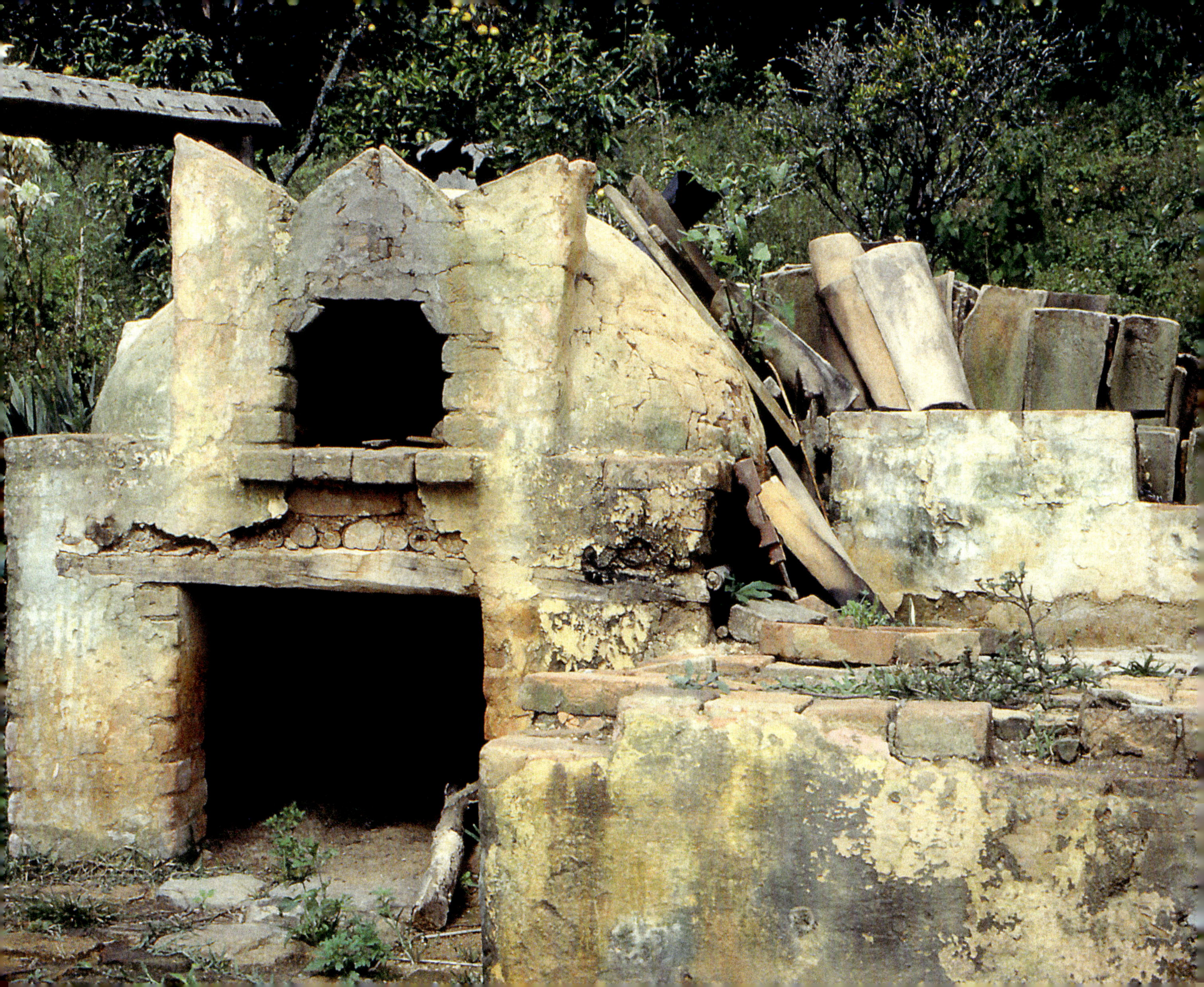

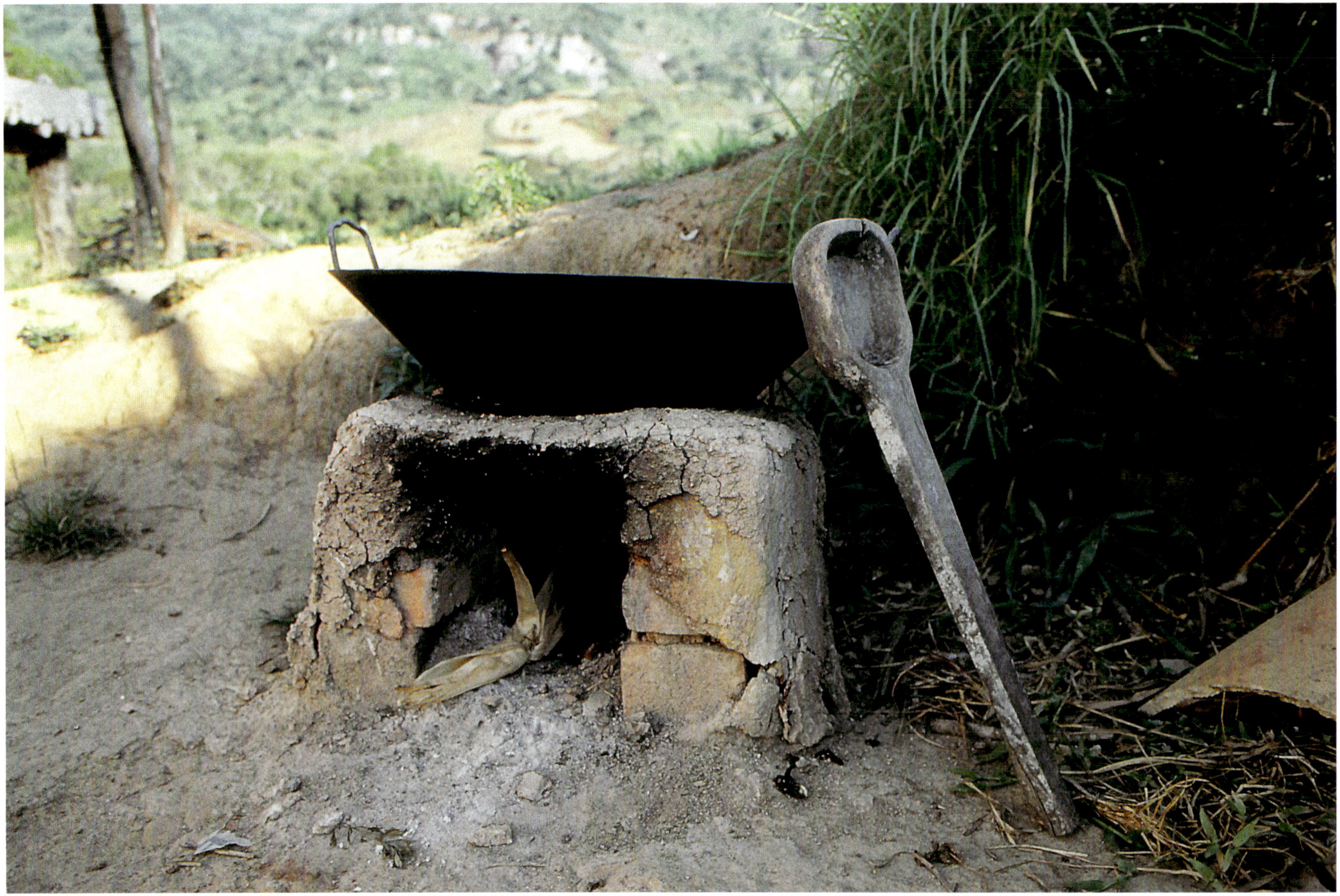

À esquerda, um pequeno fogão externo com tacho e colher de pau, usados para o preparo do sabão de cinzas
À direita, o monjolo que soca o milho, e o forno que transforma o fubá em beiju de farinha de milho

Left, a small outdoor stove with a basin and a wooden spoon used for making lye soap
Right, a water-driven stamp for pounding corn, and the oven that transforms the meal into a cornmeal confection called *beiju*

O banheiro (*casinha*), quase sempre fora da casa, é servido por água corrente
The toilet, or outhouse, almost always outside the home and provided with running water

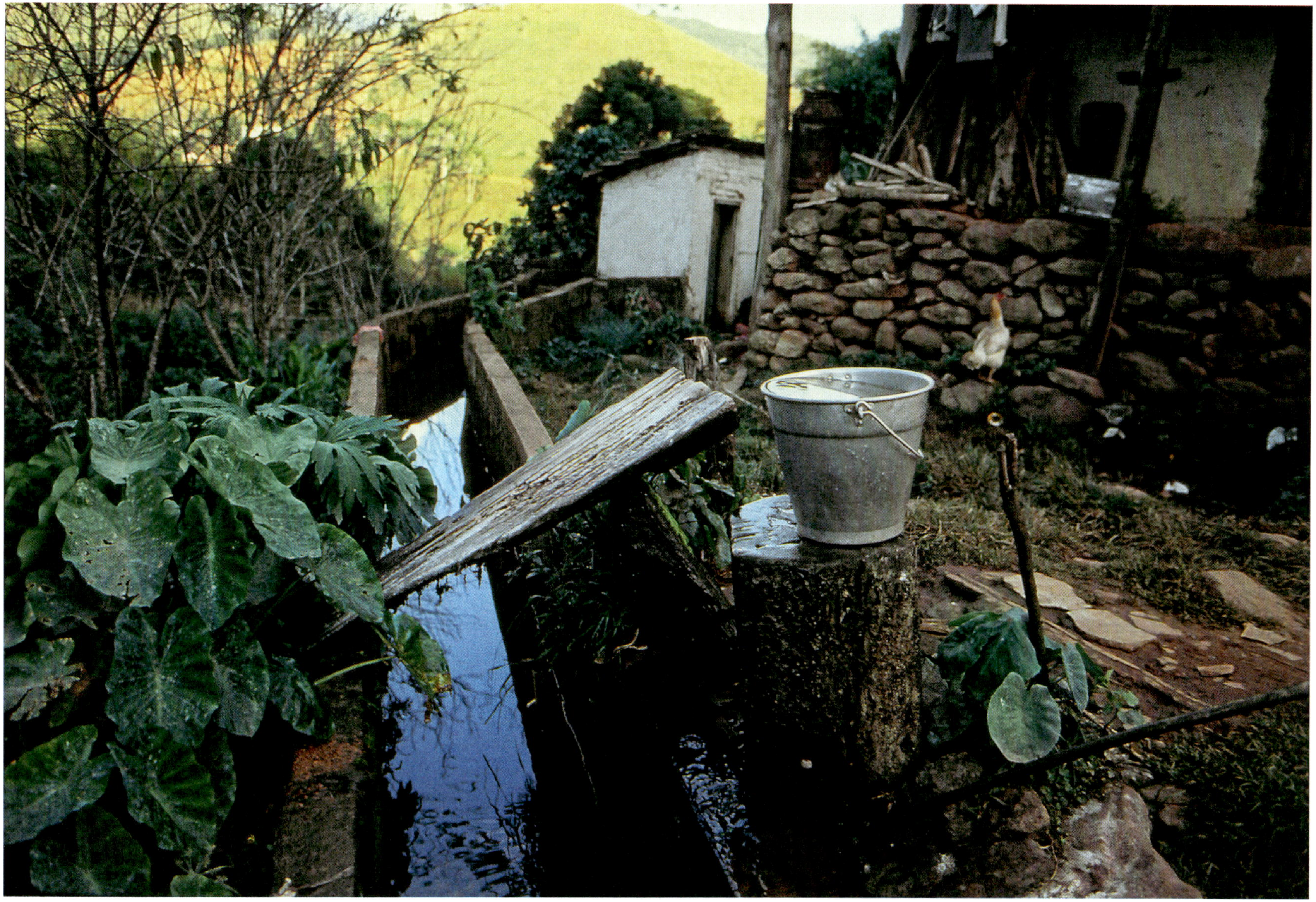

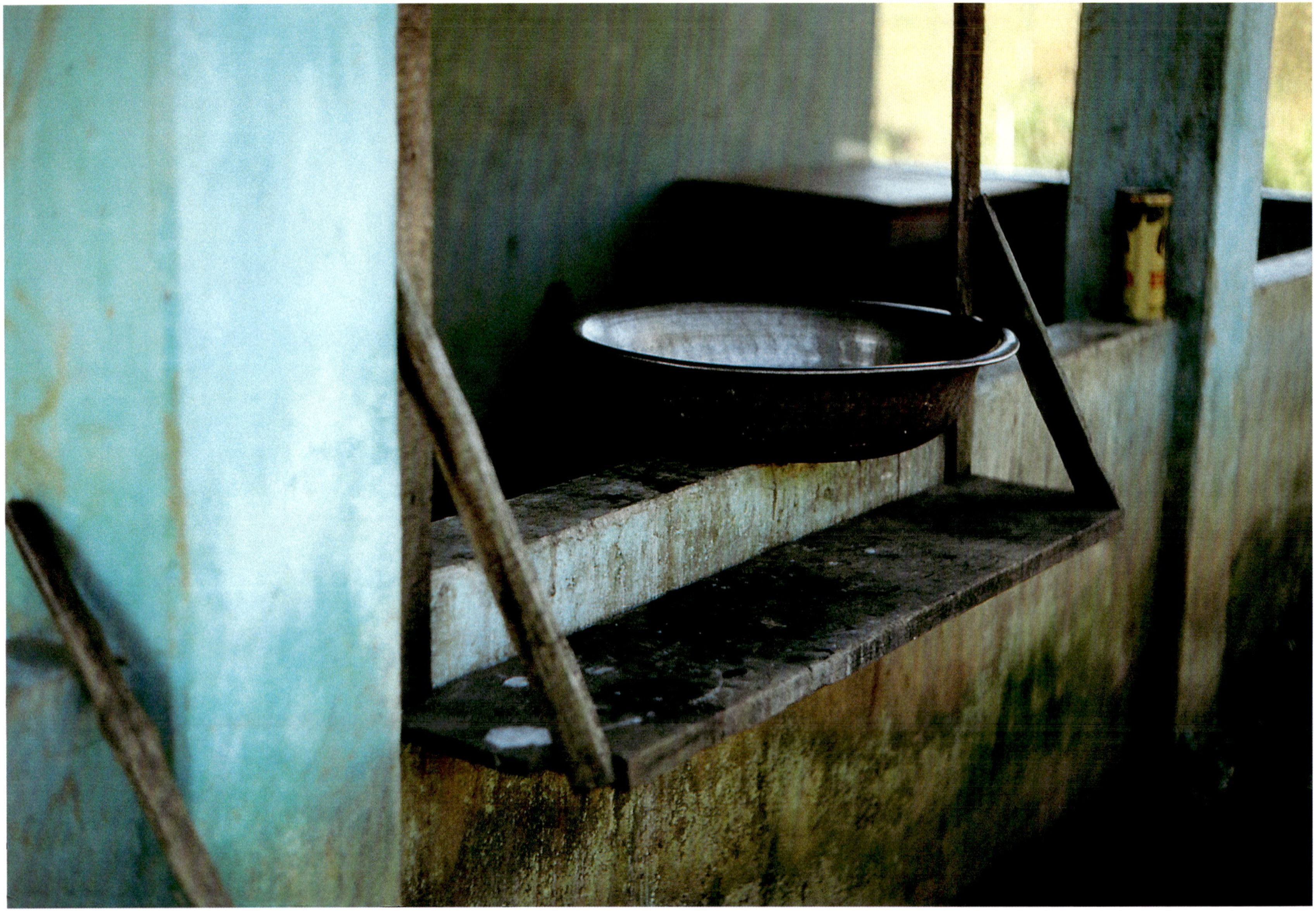

À direita acima, quarador
À direita abaixo, tanque com tábua de bater roupa

Right and above, a bleacher
Right and Below, a clothes washing tank with a washboard

Acima, pinguela construída com apenas três elementos de madeira para travessia do pequeno riacho
Abaixo, cocho feito com tronco de jacarandá-mineiro, onde o gado lambe o sal
Na página ao lado, cocheira para tratar do gado, com pequeno paiol ao fundo

Above, a footbridge across a stream, built with only three wooden components
Below, a salt through made out of jacarandá-mineiro wood for cattle
Facing page, a cattle through and in the background a small corn crib

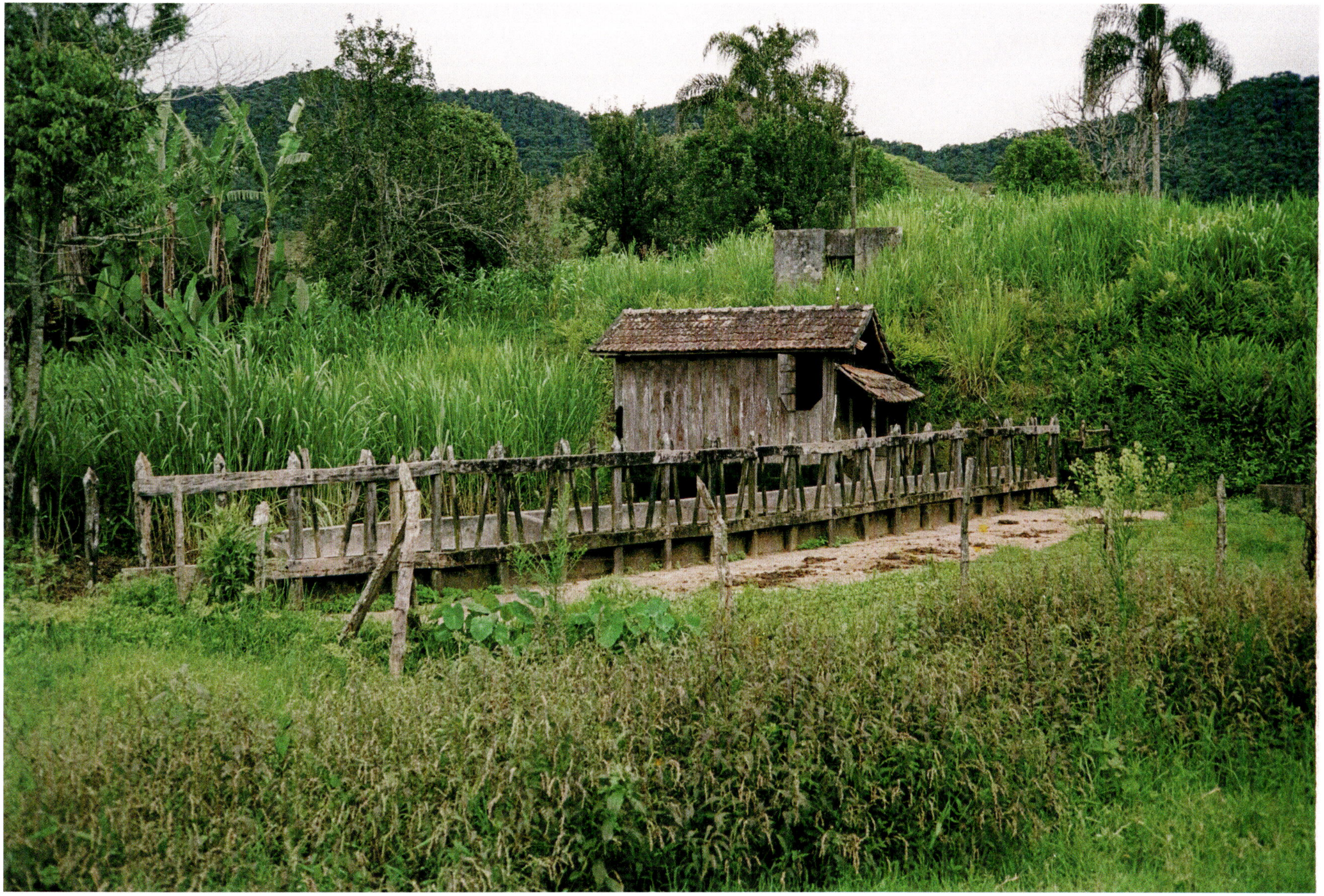

As construções secundárias, além de variadas formas, podem ter inúmeras funções: paiol para a guarda de cereais, chiqueiro para a engorda de porcos, garagem para a carroça ou charrete, ou coberta para o estoque de lenha

Secondary constructions, besides taking on various forms may have many purposes: A granary for storing grain, a pigsty for fattening hogs, a garage for the cart or wagon, or a shed for storing firewood

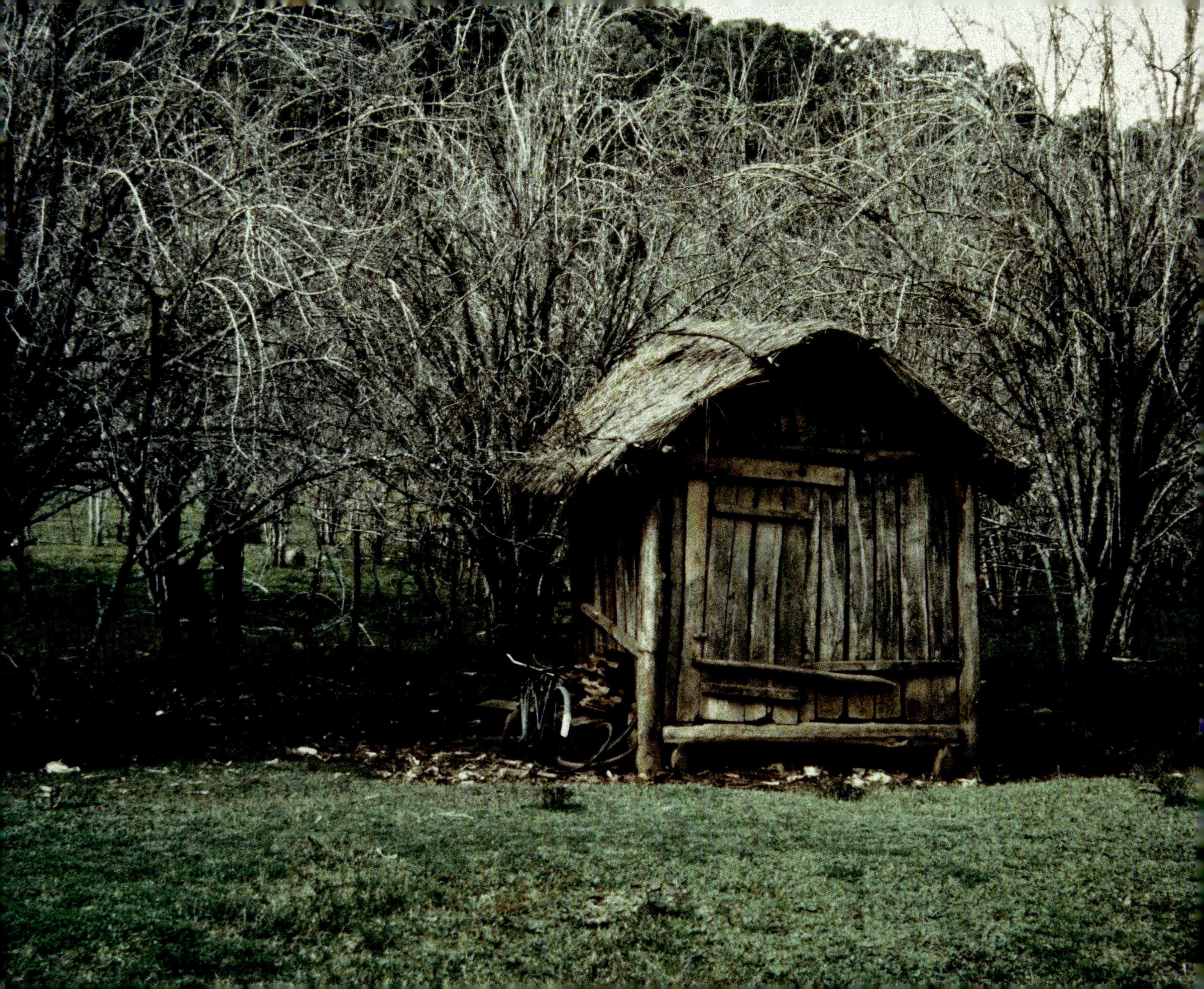

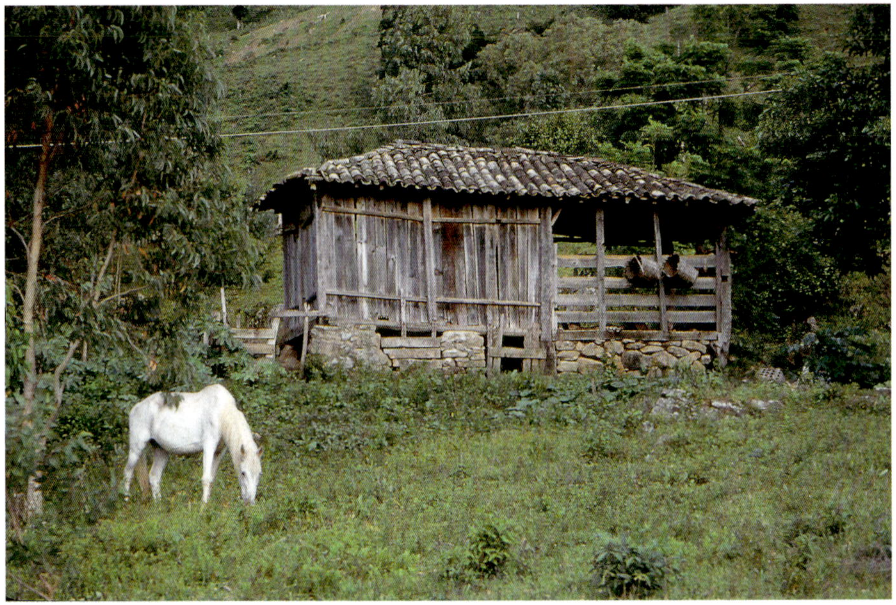

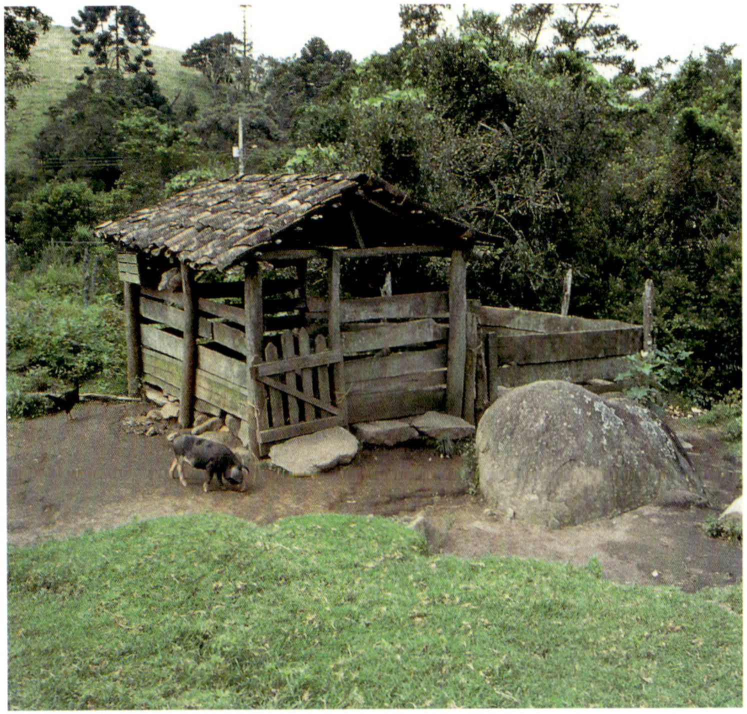

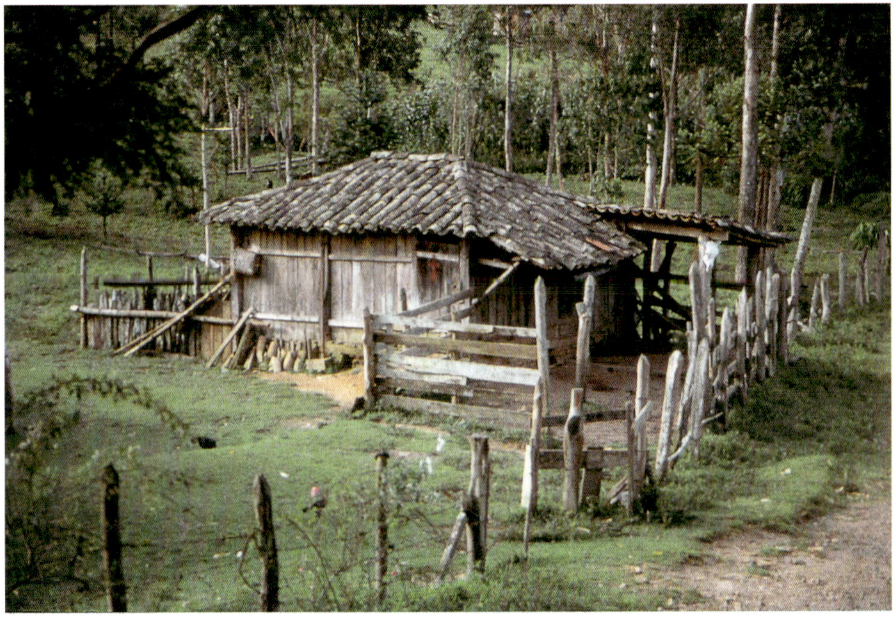

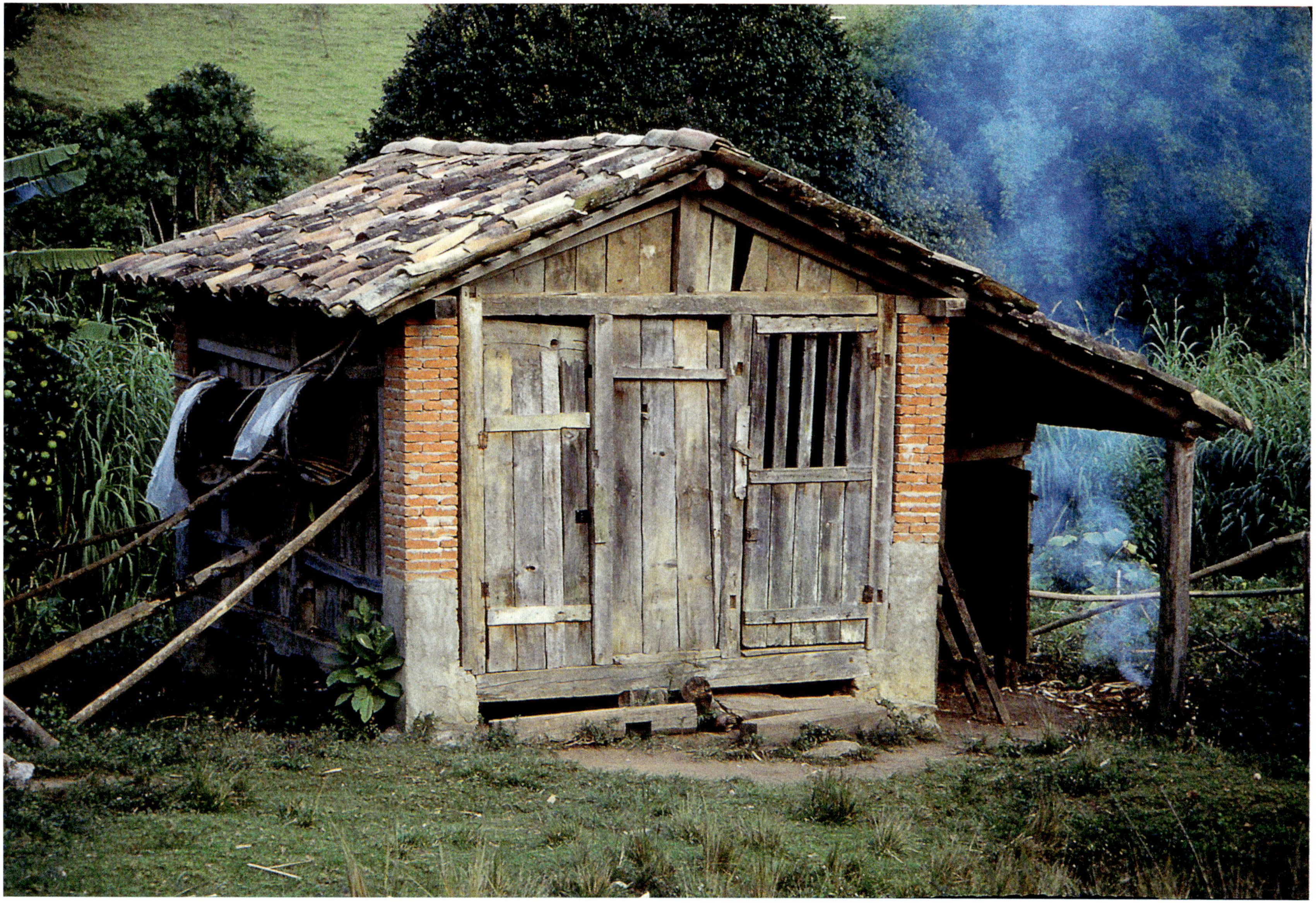

Na construção de um paiol ou galinheiro, todo o material disponível é utilizado: madeira em tábuas ou troncos, bambú roliço ou taquara trançada, telha de barro ou de zinco
Os ninhos de galinha são colocados no alto para que, à noite, não sejam atacados pelos gambás

All the available material is used in the construction of a granary or a chicken house: Lumber in boards or in trunks, bamboo in sticks or woven into mats, roofing of clay or of galvanized iron
Chicken nests are placed high up to avoid being raided at night by opossums

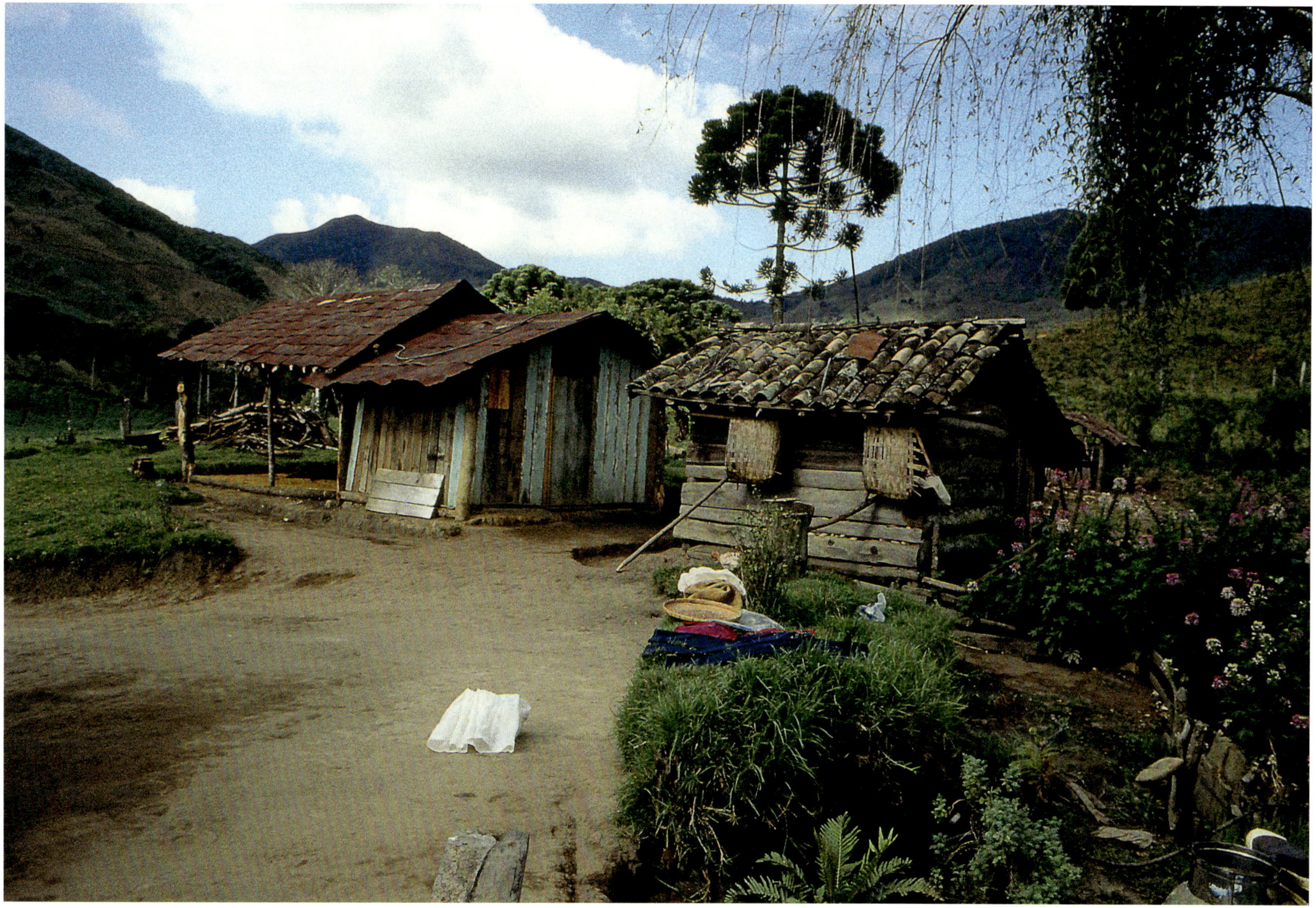

Os ninhos de galinha são feitos com taquara trançada, ou em buracos no barranco

Chicken nests are built out of woven bamboo, or occupy caves in a bank

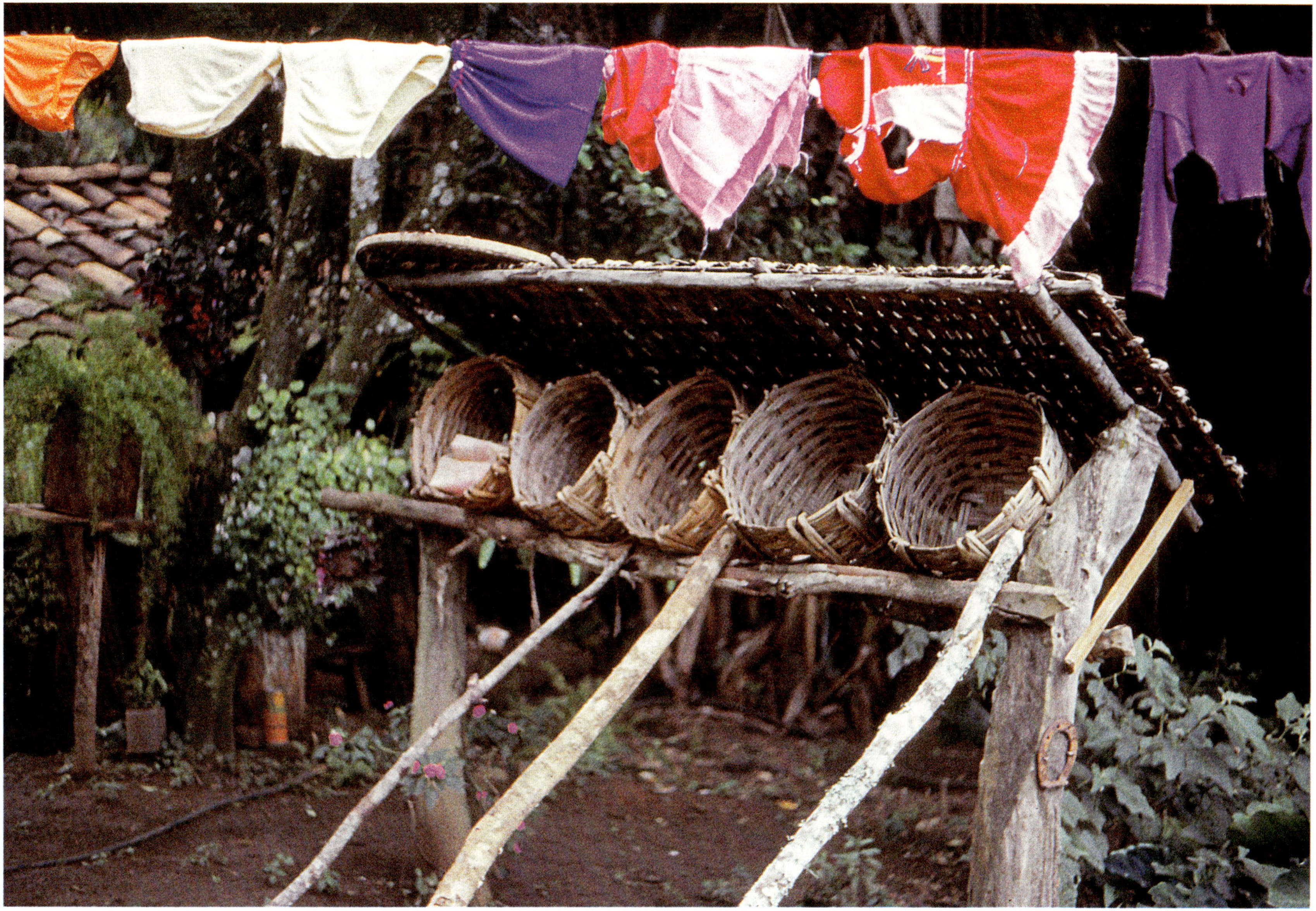

Forno para produzir carvão e engenho d'água
Charcoal oven and water mill

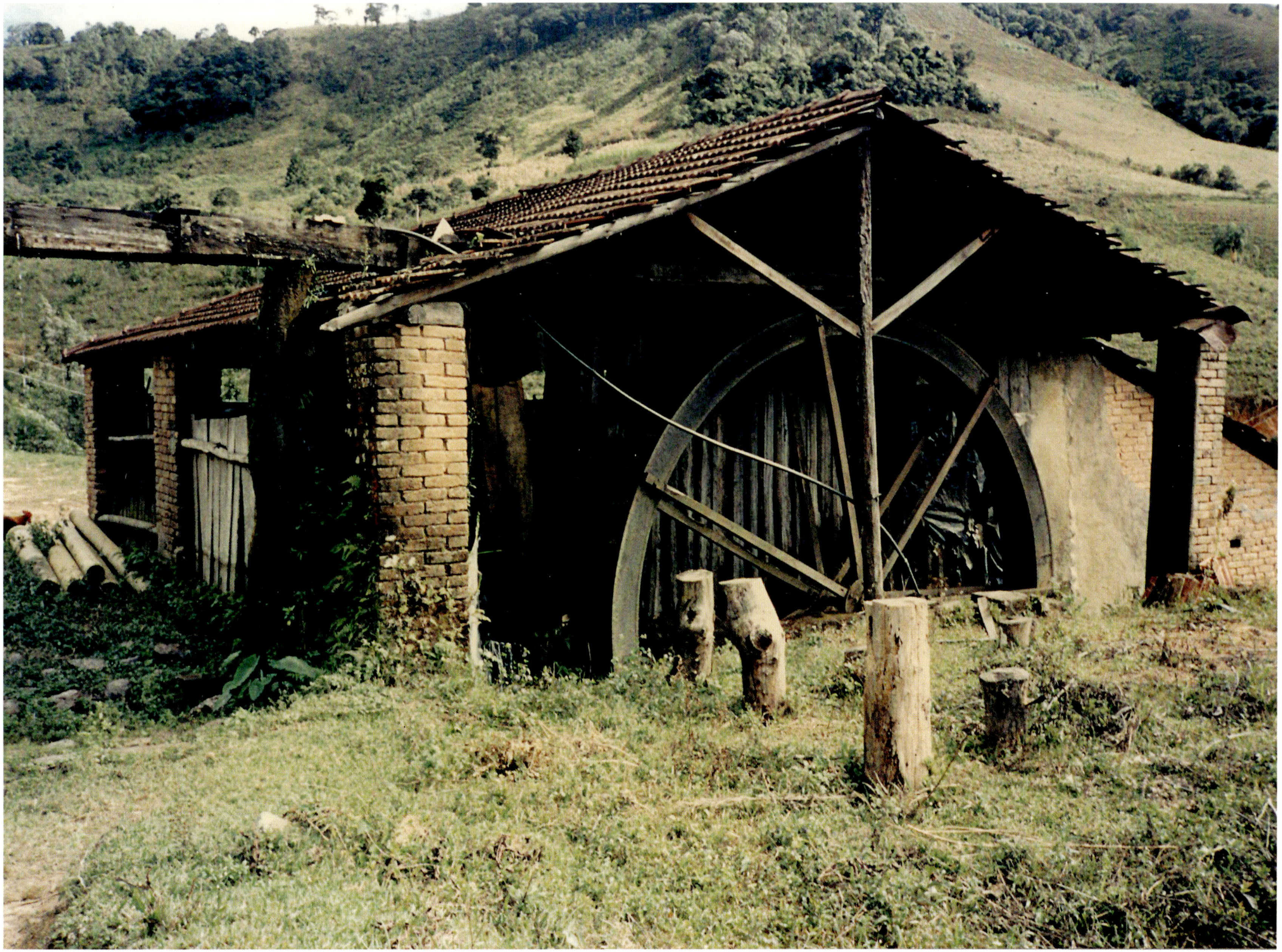

Venda de beira de estrada
Sales by the roadside

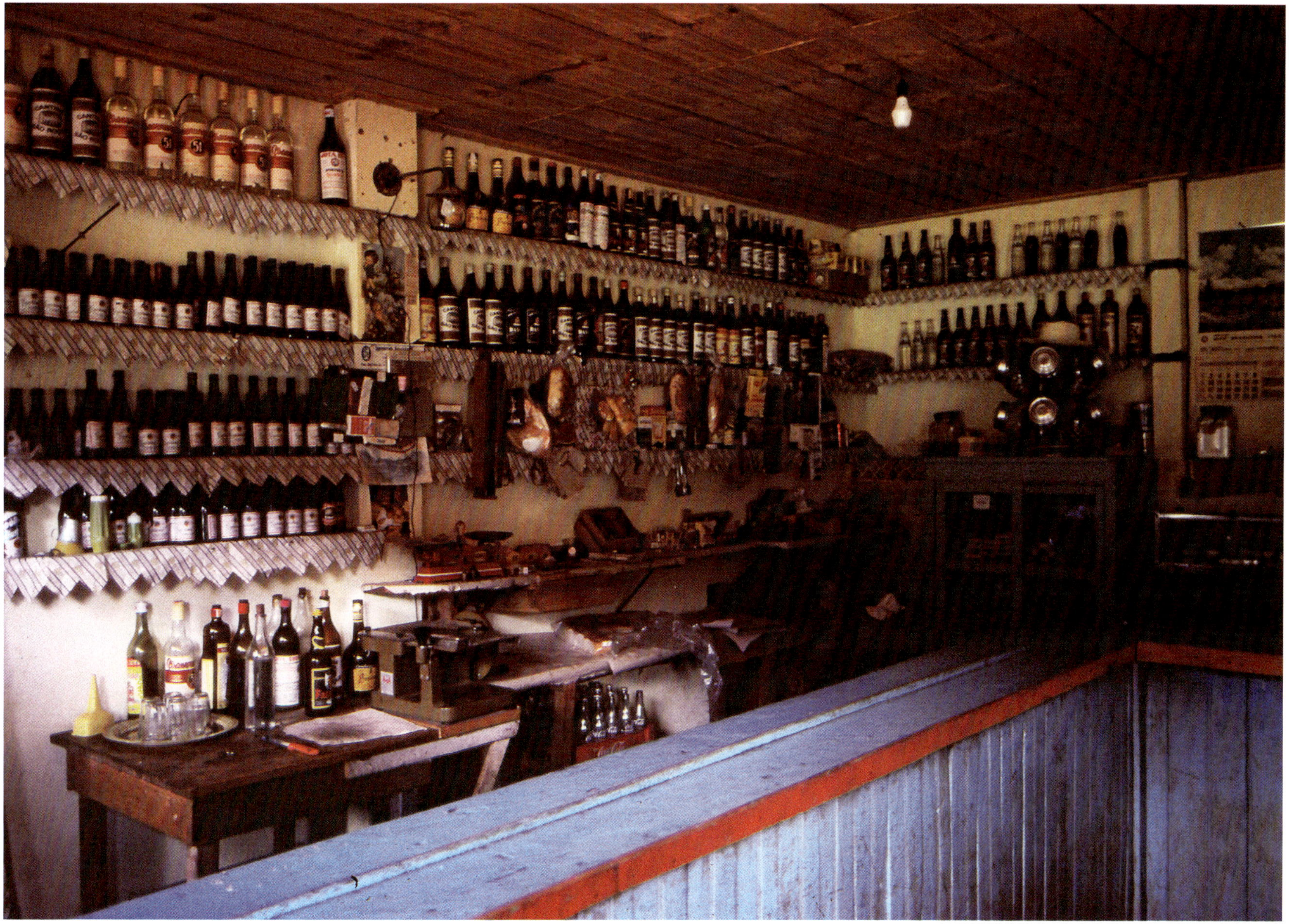

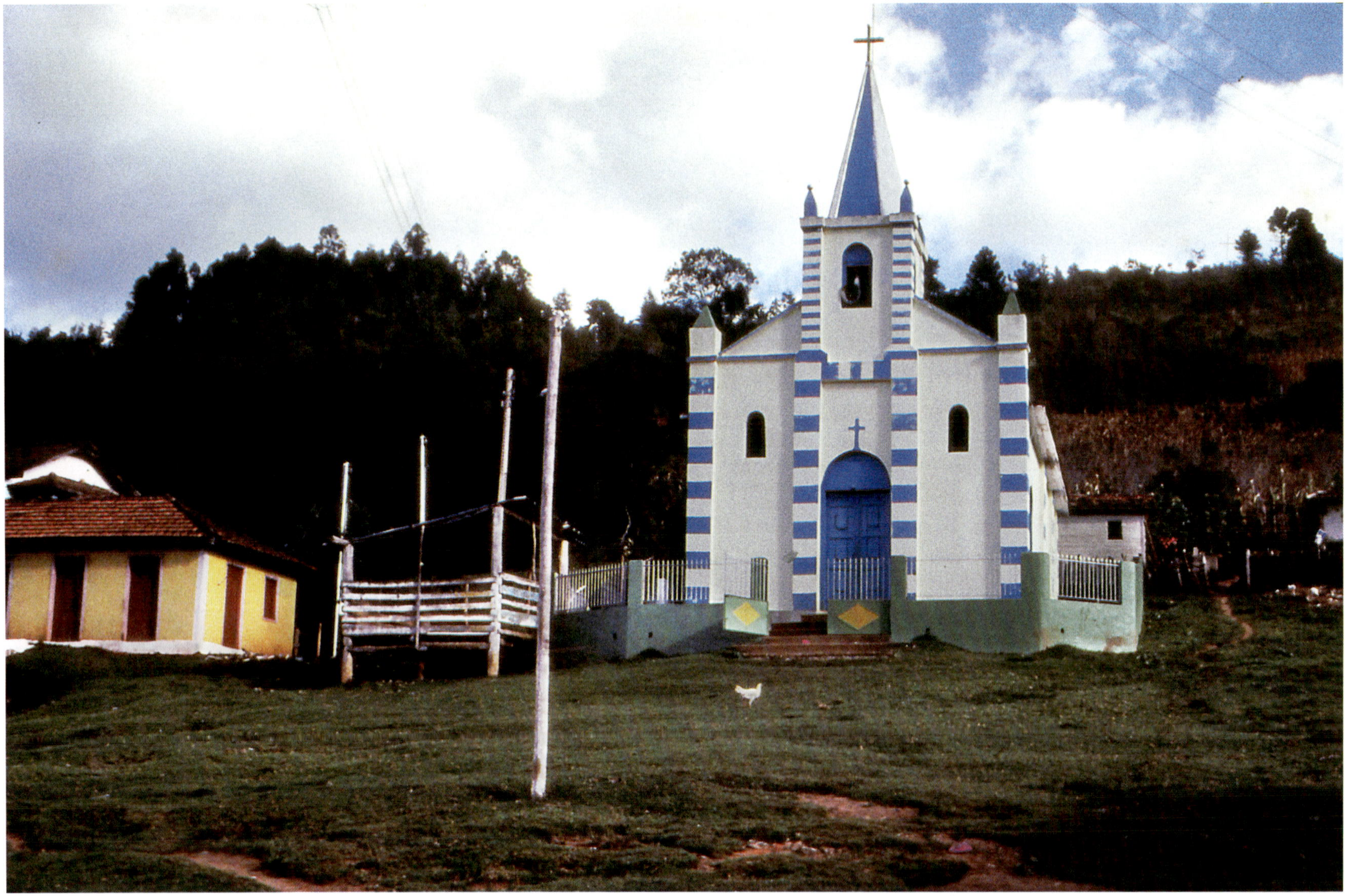

À esquerda, pequena igreja de um vilarejo
À direita e nas páginas seguintes, capelinhas de beira de estrada, onde são pagas as promessas, rezadas as novenas e comemoradas as festas dos santos padroeiros

Left, a small village church
Right and on the next pages, small roadside chapels, where vows are made and paid for, prayers are said, and the feast days of patron saints are celebrated

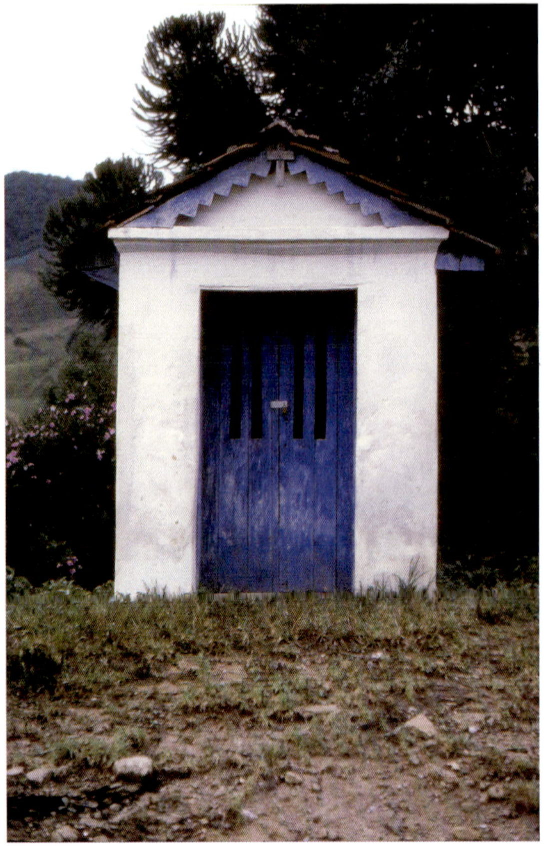

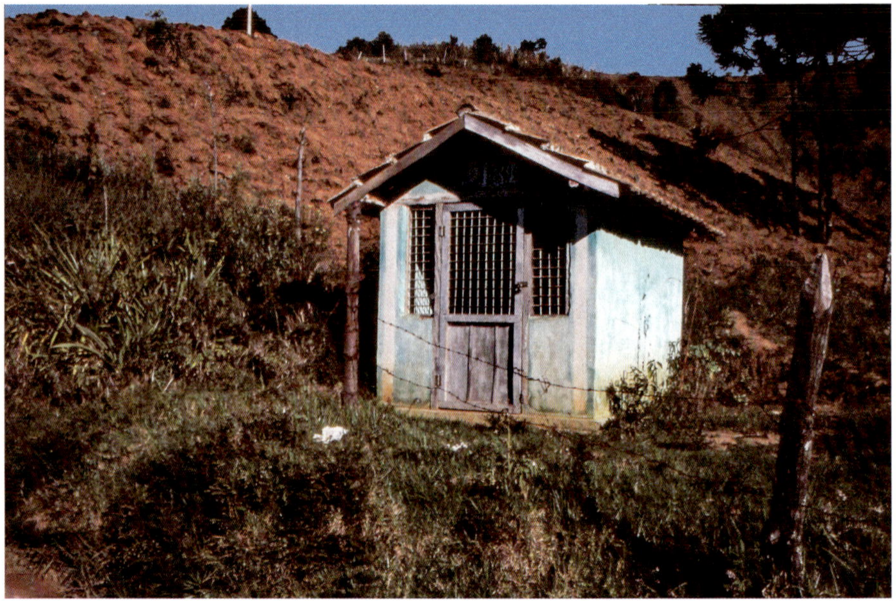

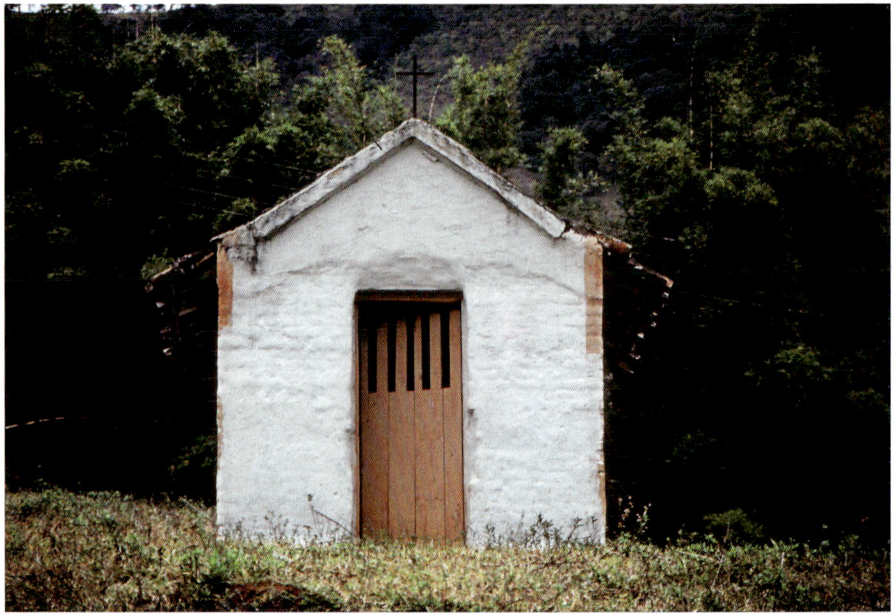

85

Capelinhas e cruzes de beira de estrada que, em época de festas e comemorações, transformam-se com o efeito dos papéis laminado, crepon etc.

Roadside chapels and crosses which during feast days and celebrations become transformed by the effect of silver paper, crepe etc.

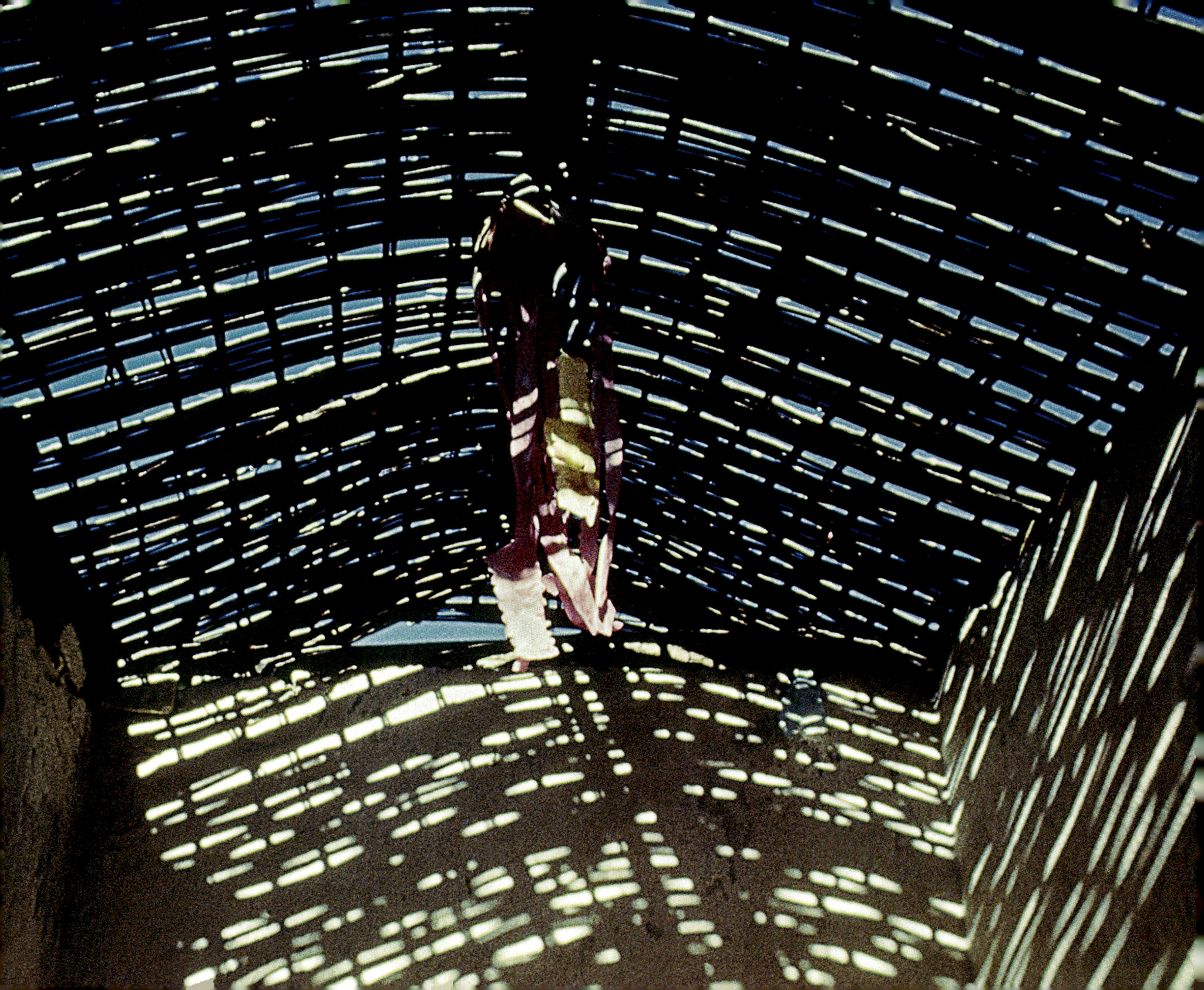

88

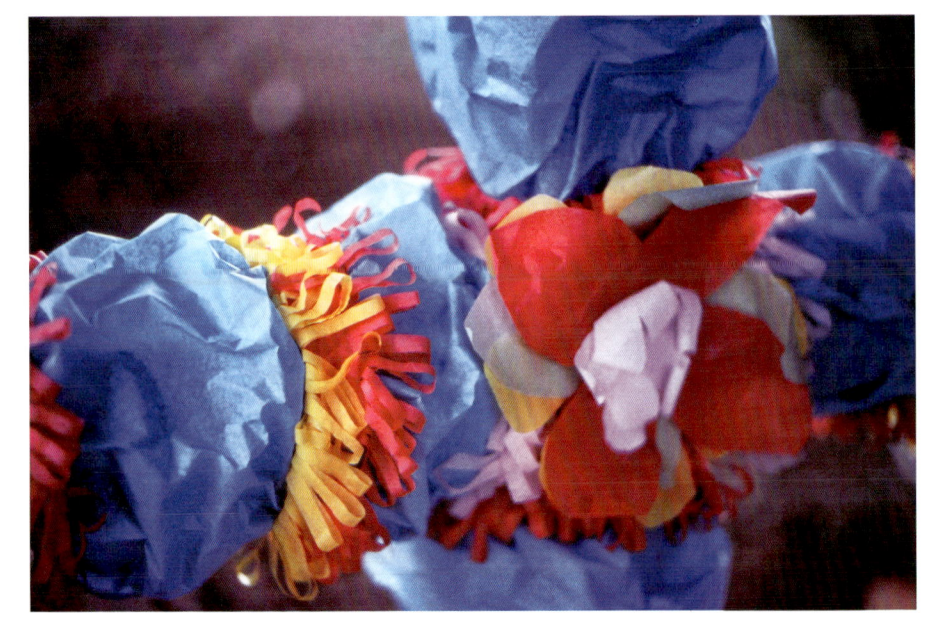

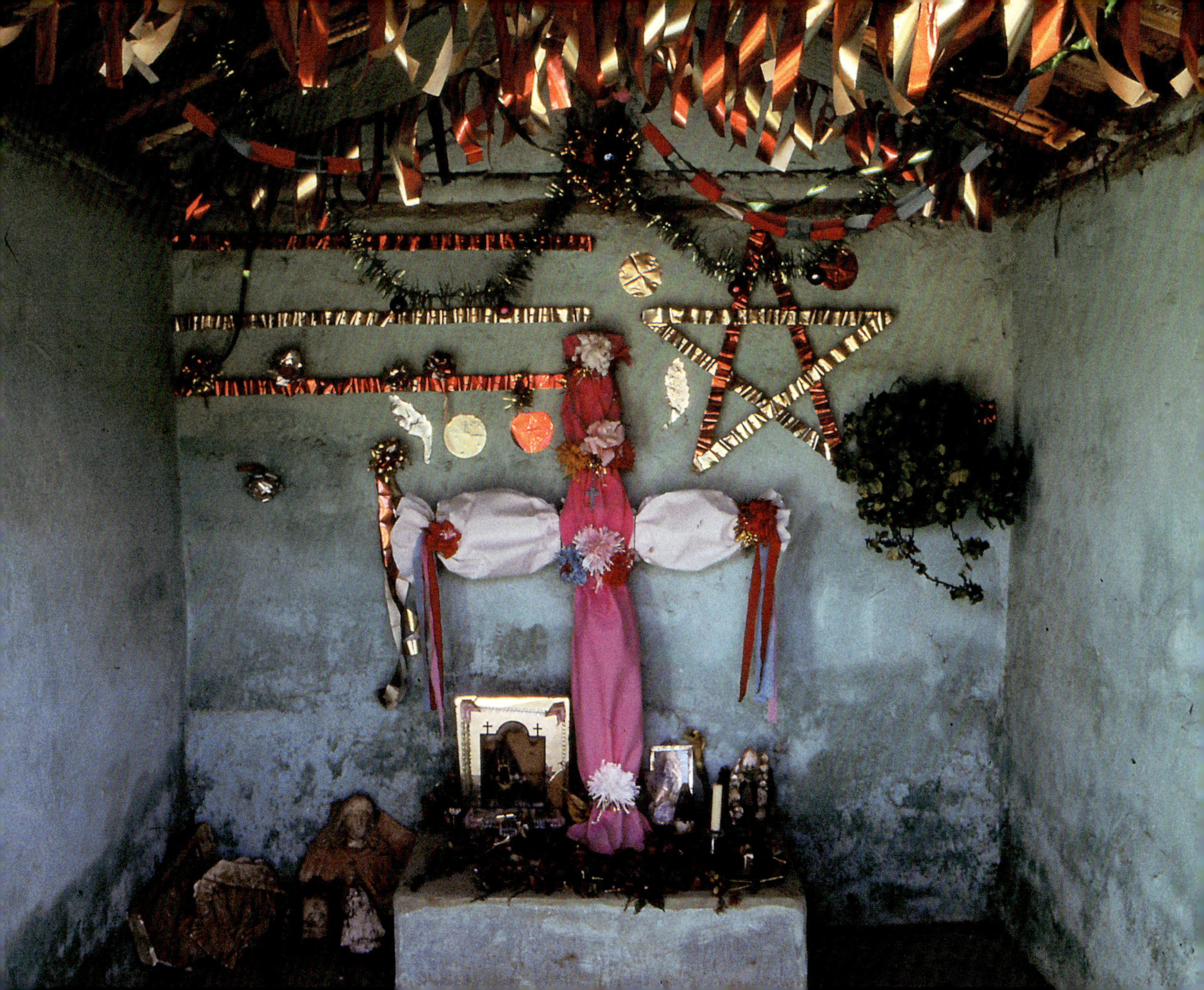

90

Pinturas sobre a fachada de zinco do Circo Rodeio Real Brasil
Paintings on the tin sheet facade of the Rodeio Real Brasil Circus

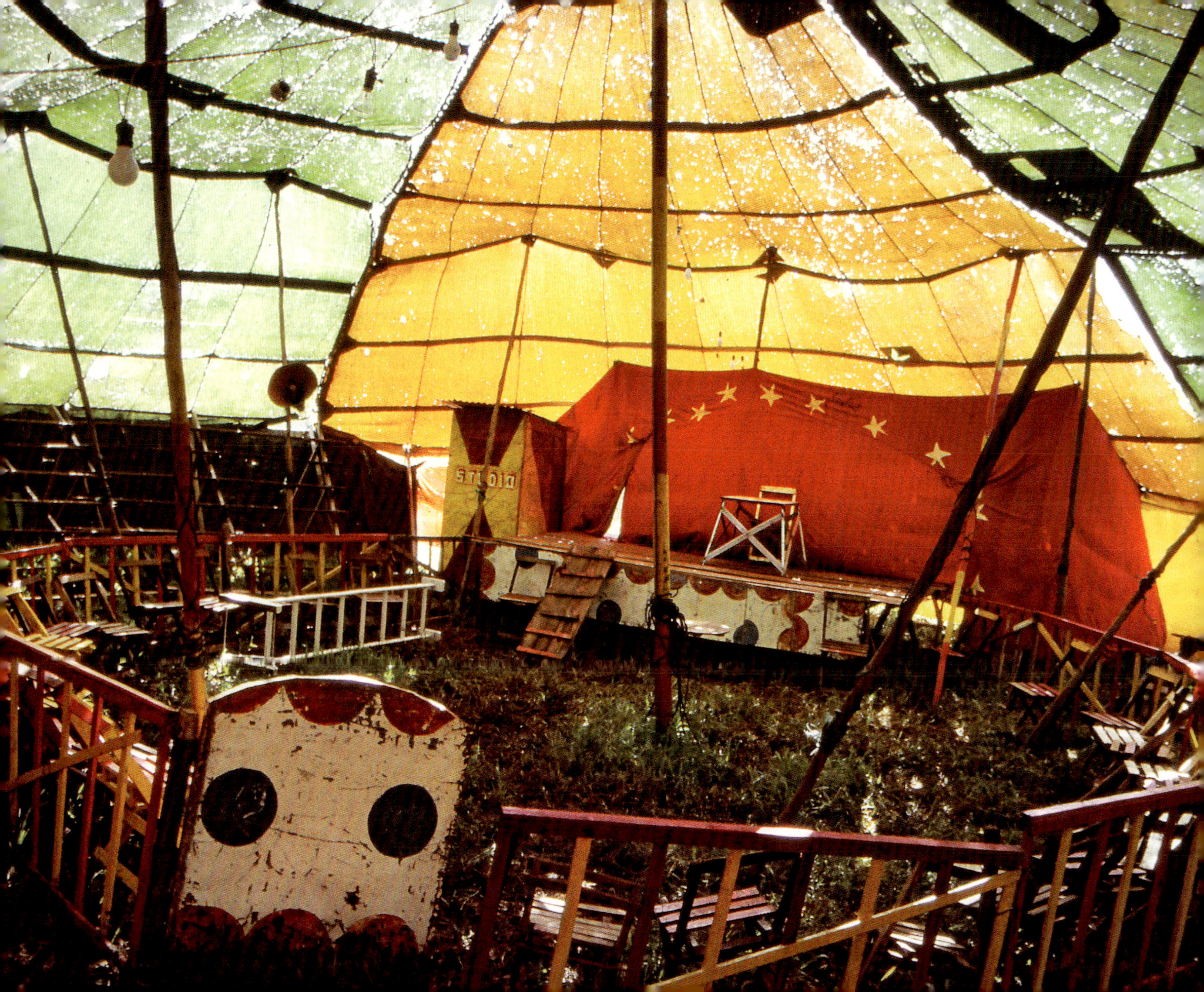

Circo Teatro Cimarrom
Teatro Cimarrom Circus

Arquitetura rural na Serra da Mantiqueira

Marcelo Carvalho Ferraz
3ª edição 2020

Concepção editorial
Editorial Concept
Victor Nosek
Marcelo Carvalho Ferraz

Colaboração
Support
Isa Grinspum Ferraz

Criação gráfica
Graphic Creation
Victor Nosek

Versão para o inglês
Translation into English
C. Stuart Birkinshaw

Revisão
Proofreading
Ana Cândida Vespucci
Silvia Reyes

Coordenação editorial
Editorial Staff
Abilio Guerra
Silvana Romano Santos
Fernanda Critelli

Impressão
Printing
Ipsis

Prêmio IAB 1992 "Melhor livro de arte"
IAB Award 1992 "Best art book"

Exposição fotográfica apresentada em:
Photografic exhibition presented at:
São Paulo – Museu de Arte de São Paulo Assis Chateaubriand, maio 1992
Belo Horizonte – Palácio das Artes, junho 1992
Rio de Janeiro – Centro Cultural Banco do Brasil, agosto 1992
Lisboa – Sociedade Nacional de Belas Artes, janeiro 1994
Milão – Centro Cultural Brasiliano, junho 1994
Barcelona – Museu Diocesano Pia Almoina, setembro 1994
Delft – University of Technology, setembro 1995
Cambuí – Paço Municipal, maio 1996
Londres – Pomp House Gallery – Battersea Park, julho 1996

Todas as fotografias deste livro foram feitas nos municípios mineiros de:
All the photographs of this book were taken in the following municipalities of Minas Gerais:

Alagoa, Bocaina de Minas, Brasópolis, Cambuí, Camanducaia, Cachoeira de Minas, Carmo de Minas, Conceição dos Ouros, Consolação, Córrego do Bom Jesus, Cristina, Delfim Moreira, Dom Viçoso, Estiva, Extrema, Gonçalves, Itajubá, Itamonte, Itanhandu, Itapeva, Maria da Fé, Marmelópolis, Paraisópolis, Passa Quatro, Pedralva, Ipanguaçu, Piranguinho, Pouso Alto, Santa Rita do Sapucaí, São José do Alegre, São Sebastião do Rio Verde, Venceslau Brás, Virgínia.

Agradecimento especial a Gisela Moreau pelo apoio fundamental a essa edição.
Special thanks to Gisela Moreau for the vital support to this edition.

Romano Guerra Editora
Rua General Jardim 645 cj. 31
Vila Buarque
01223-011 São Paulo SP Brasil
Tel: (55 11) 3255-9535
rg@romanoguerra.com.br
www.romanoguerra.com.br

©copyright
Marcelo Carvalho Ferraz

Todos os direitos reservados
All rights reserved
Printed in Brazil
2020

1ª edição 1992 (Instituto Quadrante)
2ª edição 1996 (Instituto Lina Bo e P.M. Bardi)
3ª edição 2020 (Romano Guerra Editora)

Ferraz, Marcelo Carvalho, 1955-
    Arquitetura rural na Serra da Mantiqueira / Marcelo Carvalho Ferraz; apresentação Lina Bo Bardi, Antonio Candido e Agostinho da Silva; fotografia de Marcelo Carvalho Ferraz; tradução de C. Stuart Birkinshaw. - 3.ed. - São Paulo: Romano Guerra, 2020.

    96 p. il.

    ISBN: 978-85-88585-90-4

    1.Arquitetura rural – Serra da Mantiqueira 2.Construções rurais – São Paulo (estado) 3. Construções rurais – Fotografia I. Bardi, Lina Bo, 1914-1992 II.Candido, Antonio, 1918-2017 III. Silva, Agostinho da, 1906-1994 IV.Título

CDD – 728.6

Ficha catalográfica elaborada pela bibliotecária Dina Elisabete Uliana – CRB-8/3760